Arthur D Little (Hrsg.)

Einkauf – Produktion – Logistik

Arthur D Little (Hrsg.)

Einkauf – Produktion – Logistik

Wie erfolgreiche Unternehmen ihre Wertschöpfung internationalisieren

GABLER

Die Deutsche Bibliothek – CIP-Einheitsaufnahme
Ein Titeldatensatz für diese Publikation ist bei
Der Deutschen Bibliothek erhältlich

1. Auflage 2001

Lektorat: Ulrike M. Vetter

Der Gabler Verlag ist ein Unternehmen der Fachverlagsgruppe BertelsmannSpringer.

www.gabler.de

Umschlaggestaltung: Nina Faber de.sign, Wiesbaden
Druck und buchbinderische Verarbeitung: Lengericher Handelsdruckerei, Lengerich
Printed in Germany

ISBN 3-409-11582-X

Vorwort

Das Schlagwort von der Globalisierung ist seit Jahren in aller Munde. Gemeint ist letztlich die Bildung globaler Märkte für Güter und Dienstleistungen, Kapital und Arbeit mit all ihren Konsequenzen. Dabei ist diese Entwicklung nicht denkbar ohne die schnellen Veränderungen in der Informationstechnologie, die durch das Internet verkörpert werden.

Globalisierung wird in diesem Zusammenhang oft als Bedrohung empfunden. Sie wird beschrieben als eine „Vereinigung von Pfützen, Teichen, Seen und Meeren von dörflichen, provinziellen, regionalen und nationalen Wirtschaften zu einem einzigen globalen Wirtschaftsozean, der die kleinen Bereiche riesigen Wogen wirtschaftlichen Wettbewerbs statt wie früher nur kleinen Wellen und ruhigen Gezeiten aussetzt“ (Edward Luttwak). Die Rede ist gar von einem „Angriff auf Demokratie und Wohlstand“ (so der Untertitel des Buches „Die Globalisierungsfalle“ von Hans-Peter Martin und Harald Schumann).

Diese negative Sicht der Globalisierung herrscht auch in vielen Unternehmen. Sie sehen ihre bestehenden Geschäfte und besonders die dahinter liegenden Wertschöpfungsstrukturen dadurch massiv bedroht. Drei Gefahren hinsichtlich der bestehenden Produktions-, Einkaufs- und Logistikstrukturen werden immer wieder betont:

- Die Produktionsnetzwerke verschieben sich, Industriearbeitsplätze in Westeuropa werden zugunsten neuer Strukturen in Billiglohnländern abgebaut.
- Die Revolution des Supply Chain Managements durch den Einsatz moderner Informationstechnologie führt zu einer Angst vor dem „gläsernen“ Lieferanten, der nur noch vom Wohlwollen seiner Kunden abhängt.
- Die lokalen Einkaufsmärkte verlieren an Bedeutung. Gekauft wird dort, wo man den besten Preis bekommt, wo immer auf der Welt der Lieferant sitzen mag.

Doch nur die trägen, auf Bewahrung des Status quo ausgerichteten Unternehmer und Unternehmen beharren auf solch negativen Sichtweisen. Dieses Buch zeigt anhand konkreter Fallstudien, wie Unternehmen die Herausforderungen der Globalisierung annehmen und die Chancen für sich nutzen.

Im Kapitel „Netzwerkredesign“ geht es um die Veränderung der Produktionsstruktur. In Europa überlagern sich zwei Effekte, die zu erheblichen Veränderungen führen werden. Auf der einen Seite steht das Zusammenwachsen des Wirtschaftsraums Europa, das aus nationalen Produktionsnetzwerken europäische Netzwerke macht – was in der Regel mit einer deutlichen Verringerung der Produktionsstandorte verbunden ist. Auf der anderen Seite steht die Verschiebung der Wertschöpfungsgrenzen zwischen Unternehmen durch die Senkung der Transaktionskosten, die mit der Anwendung des Internet im Business-to-Business-Bereich einhergeht. Erfahrungsberichte aus der BASF-Gruppe, der Leoni AG und der Isola AG zeigen, wie erfolgreiche Unternehmen die Reorganisation ihrer Produktionsnetzwerke in Angriff genommen haben.

In einem sich verändernden Netzwerk ist das Zusammenspiel aller Elemente besonders wichtig, vor allem wenn zunehmend unternehmensübergreifende Prozesse bei steigenden Logistikanforderungen zu gestalten sind. Die Möglichkeiten zur Optimierung dieses Zusammenspiels in Form des Supply Chain Managements nimmt Kapitel 3 auf, in dem Erfahrungsberichte der Siemens AG, der F. Hoffmann-LaRoche Ltd. und der SCA Hygiene Paper einen Überblick über Antworten auf aktuelle Fragen geben.

Die Globalisierung der Beschaffungsmärkte sowie die Verschiebung der Wertschöpfungsgrenzen zwischen den Unternehmen verschärfen auch die Diskussion um die erhöhte Bedeutung des Einkaufs für den Unternehmenserfolg. Seit Jahren sprechen wir vom Global Sourcing – die Realität sieht oft anders aus. Die Autoren von Reader's Digest und Lufthansa Technik zeigen konkrete Schritte in Richtung eines wirklich globalen Einkaufs. Dieses Kapitel wird ergänzt durch einen Erfahrungsbericht aus dem Bereich Post Merger Integration im Einkauf (Chemische Industrie).

Die Internationalisierung zeigt sich nicht allein in den Produktionsnetzwerken, sondern sehr deutlich auch in den einzelnen Fabriken, die Bestandteil eines solchen Netzwerks sind. Die Langnese-Iglo GmbH hat an ihren Standorten in Deutschland einen interessanten Ansatz zur Bewältigung dieser Aufgabe umgesetzt, der im Kapitel 5 ausführlich dargestellt wird.

Ohne die aus zahlreichen Beratungsprojekten von Arthur D. Little gewonnenen Erkenntnisse wäre dieses Buch nicht möglich geworden. Daher danken wir allen unseren Klienten, die in vielen intensiven und offenen Diskussionen zu seinem Entstehen beigetragen haben.

Ganz besonders möchten wir aber den Koautoren aus den Unternehmen danken, die ihre praktische Erfahrung und ihre Gedanken beigesteuert haben. Wir danken Andreas Klaus von der Leoni AG, verantwortlich für die Produktion des Unternehmensbereichs Draht, Michael Kowalski, Vorstandssprecher der Isola AG, Lutz Imhof, Leiter Logistik des Geschäftsbereichs Wire Networks bei Siemens ICN, Peter Boeken vom Bereich Global Supply Chain & Specialty Manufacturing der Pharma Division von F. Hoffmann-LaRoche Ltd., Norbert Dummeldinger, Leiter des Competence Centers Production Planning der SCA Hygiene Paper, Charles Marlier, heute verantwortlich für die Implementierung von Oracle ERP bei Reader's Digest USA, Christoph Meyerrose, General Manager Strategic Purchasing bei der Lufthansa Technik AG, und Michael von Rudloff, Leiter des Werkes Reken der Langnese-Iglo GmbH.

Schließlich danken wir dem Autorenteam unserer Kollegen, die uns von der Planung bis zur Endredaktion unterstützt haben und trotz der weiterlaufenden Tagesarbeit den neuesten Stand ihrer Erfahrungen einbrachten: Stefan Treiber, Andreas Ferdinand, Christoph Haeger, Roland Scheffler, Wolfram Scholl, Libor Kotlik, Kurt Orthmann, Michael Schunda, Roy Davis, Manfred Hupfauer, Peter Berggren, Oliver Schubert und Markus Thoma.

Allerdings wäre das Buchprojekt nicht so zügig und reibungslos realisiert worden, wenn nicht die Erfahrung, der klare Blick und die konsequente Ordnung von Tamara Bergen gewesen wären. Wir danken ihr herzlich für ihr Engagement.

Wir glauben, dass Sie – die Leser – den Nutzen aus dieser Gemeinschaftsleistung haben werden, und wünschen Ihnen, dass dieses Buch Ihnen viele Impulse gibt, um für Ihr Unternehmen die Chancen einer sich schnell verändernden Welt in Einkauf, Produktion und Logistik nutzen zu können.

München, im August 2000

Dr. Achim Riemann,
Managing Director Deutschland/Österreich

Dr. Norbert Klapper,
Vice President

Arthur D. Little International, Inc.

Inhalt

1. Wie erfolgreiche Unternehmen ihre Wertschöpfung internationalisieren

NORBERT KLAPPER – ARTHUR D. LITTLE INTERNATIONAL, INC., MÜNCHEN

In diesem Titel steckt ein großer Anspruch und eine große Herausforderung, selbst für Unternehmen, die schon lange auf dem Weltmarkt erfolgreich tätig sind. Die Wertschöpfungsstrukturen vieler Unternehmen sind noch immer stark national geprägt. Die nationalen Produktionsstrukturen sind nicht konsolidiert und verknüpft, die länderübergreifenden Supply Chains funktionieren nur schlecht, internationale Beschaffungsmärkte werden nur marginal genutzt, die Fabriken haben die neuen Anforderungen aus der Internationalisierung noch nicht aufgenommen und umgesetzt. Das Resultat sind schlechte Leistungen und zu hohe Kosten, was über kurz oder lang in echten Wettbewerbsnachteilen mündet. An die erfolgreiche Bedienung von E-Commerce-Geschäften aus solchen Strukturen heraus ist häufig noch nicht einmal zu denken.

Dabei sind erfolgversprechende Ansätze bekannt: Ein Unternehmen wie Dell beispielsweise macht vor, wie eine globale Supply Chain bei hervorragendem Lieferservice in einem sehr dynamischen Umfeld mit Hilfe des Internet zu niedrigen Kosten organisiert werden kann. Der Vergleich zwischen Dell und einem europäischen Konsumgüterhersteller, der nach wie vor in stark national geprägten Strukturen arbeitet. macht die Unterschiede offensichtlich: Dell arbeitet mit einer Bestandsreichweite von sechs Tagen, das Vergleichsunternehmen benötigt 37 Tage. Dell erwirtschaftet einen Return on Fixed Assets von 321 %, das Vergleichsunternehmen von 36 %. Und das alles bei kürzesten Lieferzeiten und einer hervorragenden Lieferzuverlässigkeit!

In dem vorliegenden Buch werden vier wesentliche Aspekte der Internationalisierung von Wertschöpfungsstrukturen behandelt. An erster Stelle steht die Neuorientierung von **Produktionsnetzwerken**. Im folgenden Kapitel wird auf die Möglichkeiten des **Supply Chain Managements** in internationalen Strukturen eingegangen. Es folgen Fallstudien zur Internationalisierung des **Einkaufs**, und den Abschluss bildet eine Studie zur Neuausrichtung einer **Fabrik** im internationalen Umfeld.

Die Diskussion um die Neuausrichtung von **Produktionsnetzwerken** muss unter einem übergeordneten Aspekt gesehen werden. Einerseits gibt es in sehr vielen Branchen in den gesättigten Märkten Westeuropa und USA erhebliche Überkapazitäten, zum andern besteht der Bedarf, in den Wachstumsregionen Lateinamerika und Asien zusätzliche lokale Wertschöpfung aufzubauen. Dabei entstehen oft mehrstufige globale Verbundstrukturen: Die Ausgangserzeugnisse werden zentral an einem Standort der Welt produziert, die kundennahe Wertschöpfung erfolgt regional oder sogar lokal.

Überlagert wird dieser Trend von branchenspezifischen Besonderheiten. Ein Beispiel liefert die Elektronikindustrie, wo die Miniaturisierung von Bauteilen und der zunehmende Softwareeinsatz zu einem verminderten Kapazitätsbedarf führt, der auch durch das erhebliche Wachstum der Branche nicht mehr ausgeglichen wird. Diese Branche kann auch als Beispiel für einen weiteren Trend dienen: die Verschiebung von Wertschöpfungsgrenzen zwischen den Unternehmen durch sinkende Transaktionskosten. Es hat sich eine ganze Industrie herausgebildet, die als „Electronics Manufacturing Services“ bezeichnet wird und in großem Stil Produktionsaufgaben für die großen Elektronikunternehmen übernimmt. Solectron, Celestica und Flextronics sind die Protagonisten dieser Branche, die jedes Jahr mehrere Fabriken von den Elektronikriesen wie HP oder IBM übernehmen. Die Elektronikunternehmen selbst konzentrieren sich auf Entwicklung, Marketing und Vertrieb.

Die Chancen, die mit einer Optimierung des Netzwerks verbunden sind, können auch bei Unternehmen mit einer niedrigen Wertschöpfungstiefe signifikant sein. In einer Fallstudie für einen Autozulieferer kamen wir zu dem Ergebnis, dass eine Optimierung des europäischen Produktionsnetzwerks zu einer Senkung der Fertigungs- und Logistikkosten von 20 % führen wird – selbst bei dem geringen Anteil dieser Kosten von 16 % an den Gesamtkosten des Unternehmens kommt so eine Ergebnisverbesserung von 3,2 % zustande, was eine Verdoppelung der operativen Marge bedeutet.

Die Konzeption ist nur der erste Schritt. Neben der Durchsetzung der Konzepte in einem internationalen Umfeld mit den unterschiedlichen legalen Voraussetzungen und Besonderheiten, ist das Management der dabei entstehenden internationalen Strukturen die eigentliche Bewährungsprobe. So mancher „Global Player“ ist bei näherem Hinsehen kein solcher, sondern ein nach wie vor vom Stammhaus dominierter Apparat, der die lokalen Besonderheiten nur in Ansätzen versteht und das Management kultureller Unterschiede nicht beherrscht. In solchen Strukturen fällt die erfolgreiche Internationalisierung trotz bester Konzepte sehr schwer.

Das Thema **Supply Chain Management** begleitet uns schon seit vielen Jahren, lange Zeit unter dem Begriff der Integrierten Logistik. Was also ist neu? Schon immer bestand die Herausforderung darin, Einkauf, Produktion und Logistik gemeinsam zu optimieren und zu steuern. Diese Aufgabe ist nach wie vor aktuell, heute aber vor dem Hintergrund globaler Wertschöpfungsketten mit einer Vielzahl von möglichen Partnern, einem tendenziell höheren Grad an Outsourcing und wesentlich schärferen Anforderungen an die Logistikleistungen, die nicht zuletzt durch E-Commerce entstehen, zu lösen. Neu sind auch die informationstechnologischen Möglichkeiten, die heute zur Verfügung stehen: Supply Chain Management Software, das Internet als gemeinsame Technologieplattform, einfachere Möglichkeiten der Systemintegration.

Die Defizite liegen auch hier nicht in erster Linie im konzeptionellen Bereich. Im Rahmen einer europaweiten Studie zum Thema Supply Chain Management haben wir 228 europäische Unternehmen unter anderem befragt, worin die größten Hindernisse für eine erfolgreiche Umsetzung von Supply Chain Management gesehen werden. Die wichtigste Antwort: „Im Widerstand gegenüber Veränderungen“ (siehe Abbildung 1 – 1)!

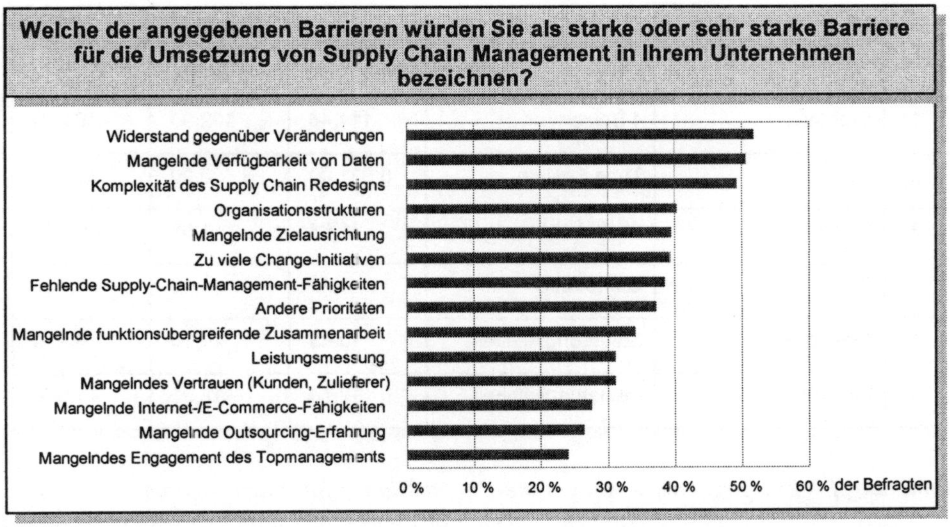

Abbildung 1 – 1: Barrieren für die Umsetzung von Supply Chain Management (Ergebnisse einer ADL-Studie von 1999)

Es ist eine wichtige Führungsaufgabe, diese mangelnde Veränderungsbereitschaft aufzubrechen und so den Ansätzen des Supply Chain Managements im Unternehmen zum Durchbruch zu verhelfen. Die Bedeutung dieses Themas wird spätestens bei der Frage nach der Bedienung von E-Commerce-Geschäften deutlich: Kein Internetkunde wird eine Lieferzeit von drei Wochen akzeptieren, die für viele konventionelle Geschäfte durchaus ausreicht. Wichtig ist auch die ständige Auskunftsbereitschaft über Warenverfügbarkeit, Bestellstatus und Liefertermine, die im Internet zum Standard gehören, in vielen konventionellen Geschäften dagegen eine große Herausforderung darstellen.

Die Internationalisierung des **Einkaufs** ist ähnlich zu sehen wie die Frage nach dem „echten" Global Player. Über Global Sourcing wird schon lange gesprochen, die Realität hinkt hinterher. Der Anteil des international beschafften Volumens an Gütern und Dienstleistungen liegt in vielen Unternehmen nicht über 20 %. Die Folgen für die Kostenposition im Vergleich zu weiter fortgeschrittenen Wettbewerbern sind oft gravierend, da die Nutzung internationaler Beschaffungsmärkte in vielen Fällen ein erhebliches Potential für Preissenkungen bietet – bei gleicher oder sogar besserer Qualität.

Auch hier spielt das Internet eine große Rolle als Beschleuniger. Das Stichwort heißt Online-Auktionen im Business-to-Business-Bereich. Abbildung 1 – 2 zeigt die Resultate von sechs Pilotauktionen im Internet, die für einen Autozulieferer durchgeführt wurden. Neben den Preissenkungen von bis zu 36 % ist die Tatsache bemerkenswert, dass bei drei der Auktionen Lieferanten aus dem Ausland zum Zuge kamen, die bisher nicht im Lieferantenportfolio des Unternehmens enthalten waren.

Nr.	Materialgruppen	Artikel	Historischer Preis (in Euro)	Auktions-preis (in Euro)	Delta in %
1	Drehteile	4 Bolzen	114,46	102,90	- 10,2 %
2	Plastik	Tube Sealing	5 931,00	3 800,00	- 35,9 %
3	Profile	Querstrebe	1,68	1,52	- 9,5 %
4	Profile	Querstrebe	1,41	1,40	- 0,7 %
5	Elektronik	Steuerungseinheit	10,85	10,15	- 6,9 %
6	Elektronik	Steuerungseinheit	12,70	12,51	- 1,5 %

Abbildung 1 – 2: Ergebnisse von Online-Pilotauktionen für einen Automobilzulieferer: Online-Auktionen senken Einstandspreise und Prozesskosten – und tragen zur Internationalisierung der Lieferantenbasis bei

Auch die Internationalisierung des Einkaufs kann nicht allein über geänderte Prozessabläufe, neue Organisationsstrukturen oder den Einsatz von Online-Auktionen erreicht werden. Besonders kritisch ist die internationalen Ausrichtung der Einkäufer, verbunden mit den entsprechenden Qualifikationen. Sprachkenntnisse und profundes Wissen über den betreuten Beschaffungsmarkt reichen nicht aus. Gefordert ist der Wille und die Fähigkeit, mit Partnern auf der ganzen Welt vertrauensvoll zusammenzuarbeiten.

Die internationale Ausrichtung von **Fabriken** ist die direkte Folge der Reorganisation von Produktionsnetzwerken. In vielen Industrien ist die Bildung internationaler Centers of Competence zu beobachten, deren Aufgabe es ist, die Vertriebsorganisationen mehrerer Länder mit Produkten oder Technologien exklusiv zu versorgen. Für eine Fabrik, die zuvor lediglich den Heimatmarkt bedient hat, ist diese Veränderung unter mehreren Aspekten eine ernorme Herausforderung:

- Die Fabrik muss oft in erheblichem Umfang neue Produkte aufnehmen und produzieren. Besonders kritisch wird es, wenn aufgrund der Internationalisierung ein ähnliches Produkt in zwei verschiedenen Qualitäts- und Preisstufen herzustellen ist.
- Die Organisation muss mit mehreren Vertriebsorganisationen über Sprachbarrieren hinweg arbeiten. Informale Kanäle, die oft die Zusammenarbeit zwischen Vertrieb und Fabrik kennzeichnen, verlieren an Bedeutung. Dabei ist die Gleichbehandlung aller Vertriebspartner wichtig: Erhärtet sich der Verdacht, die früheren Kollegen aus der nationalen Vertriebsorganisation werden den „neuen Kunden“ vorgezogen, so kann dies zu einem Abzug von Produktionsvolumina und damit zur Existenzgefährdung des Standorts führen.

- In einem internationalen Verbund wird eine deutliche Kosten- und Qualitätsorientierung, die viele deutsche Standorte auszeichnet, durch ein Gleichgewicht aus Kosten, Qualität, Innovationsfähigkeit und Lieferservice ersetzt. In vielen Fabriken werden neue Produkte und Technologien immer noch als Störfaktoren gesehen, die eine gleichmäßige Produktion behindern. Auch der Gedanke, eine Fabrik müsse sich an der Liefertreue gegenüber dem Produktionsplan messen lassen, stößt noch oft auf Unverständnis. In einem internationalen Umfeld lassen sich solche Positionen nicht mehr halten. Wer etwa für den Markt in den Benelux-Staaten Konsumgüter produzieren will, wird mit einem schlechten Lieferservice nicht lange im Geschäft bleiben. Das Gleiche gilt für Telekommunikationseinrichtungen in Chile: Wer hier nicht die Lieferzeiten drastisch verringern kann, wird den Auftrag verlieren.

Letztlich heißt es auch im Bereich der Fabrik wieder: Erfolgreiche Internationalisierung ist nur im ersten Schritt eine Frage der Konzepte. Um die Wertschöpfung erfolgreich internationalisieren zu können, braucht man „internationalisierte" Mitarbeiter. Die Internationalisierung der Mitarbeiter zu entwickeln und zu fördern ist eine der wichtigsten Führungsaufgaben der Zukunft. Nur so können die Chancen der Globalisierung wirklich genutzt werden.

2. Netzwerkredesign – Neugestaltung der Produktionsstruktur

STEFAN TREIBER – ARTHUR D. LITTLE INTERNATIONAL, INC., MÜNCHEN

Whatever you can do or dream you can, begin it!
Boldness has genius, power and magic in it.

Drei typische Konstellationen führen häufig zur Neugestaltung des Produktionsnetzwerks

Historisch gewachsene Produktzuordnungen zu einzelnen Produktionsstandorten, eine unklare oder nicht vorhandene Produktionsstrategie oder auch Preisdruck von der Marktseite her sind oft Gründe dafür, dass Unternehmen Probleme mit ihren Erträgen bekommen und aufgrund einer ungünstigen Kostensituation in einigen Bereichen nicht mehr wettbewerbsfähig sind. Gerade in der chemischen Industrie oder in anderen reifen Industrien, die mit ihren Produkten im Produktlebenszyklus weit fortgeschritten sind, ist ein effizientes Produktionsnetzwerk unabdingbar, um am Markt bestehen und auch mit Commodityprodukten überdurchschnittliche Deckungsbeiträge erzielen zu können. Hierbei stehen häufig folgende Fragen im Vordergrund:

Wie kann man Produktionsbereiche sinnvoll konzentrieren, um Skaleneffekte besser auszunutzen? Oder: Wie kann man personalkostenintensive Bereiche an Standorten zusammenfassen, die Vorteile in der Lohn- und Gehaltsstruktur aufweisen?

Aber auch positive Entwicklungen in einem Unternehmen, wie starkes Marktwachstum und die damit verbundenen Expansionsbestrebungen, können die Restrukturierung des Produktionsnetzwerks erforderlich machen. Hierbei stehen größtenteils andere Fragen im Vordergrund als bei Unternehmen, die sich in gesättigten Märkten bewegen. Die Schlüsselfragen in Wachstumsbranchen, wie der Telekommunikation, der EDV oder anderen Hightech-Industrien sind beispielsweise: Welche Standorte sollen ausgebaut werden? In welchen Ländern sollen zukünftig neue Standorte aufgebaut werden? Oder: In welche Bereiche soll zukünftig investiert werden?

Ein dritter Auslöser für die Restrukturierung eines Produktionsnetzwerks können Unternehmenszusammenschlüsse bzw. -akquisitionen sein. Gerade im momentanen „Fusionsfieber“ sind viele Unternehmen mit der Zusammenführung von zwei oft sehr unterschiedlich strukturierten Unternehmen beschäftigt oder werden zukünftig damit konfrontiert. Motiv für viele Mergers ist die erwartete Synergie in den Wertschöpfungsketten beider Partner. Besonders wichtig ist hierbei die Frage nach dem künftigen Netzwerk, also der Zahl der Standorte und deren Rolle im Produktionsverbund. Oft kommt es in der Post-Merger-Phase zu Enttäuschungen, und erwartete Synergien können nicht realisiert werden, da entweder nicht die richtigen Maßnahmen getroffen oder sie zu zögerlich umgesetzt werden.

Die Neuausrichtung des Produktionsnetzwerks ist eine europäische oder internationale Herausforderung

Durch die zunehmende Globalisierung der Märkte und das zusammenwachsende Europa ist die Neugestaltung des Netzwerks für die meisten Unternehmen eine europäische oder sogar globale Herausforderung. Diese länderübergreifende Aufgabenstellung birgt natürlich eigene Probleme in sich, eröffnet jedoch auch Chancen. Probleme sind beispielsweise kulturelle Unterschiede, Sprachbarrieren, unterschiedliche IT-Systeme aber auch Effizienzunterschiede oder unterschiedliche Qualitätsniveaus, die es im Zuge der Neugestaltung des Netzwerks auszugleichen gilt.

Chancen ergeben sich insbesondere durch den länderübergreifenden Know-how-Transfer und durch das Ausnutzen der unterschiedlichen Kostenstrukturen in den einzelnen Ländern. Vor allem für Unternehmen in reifen Branchen kann die Alternative eines Standorts in Osteuropa oder in anderen Billiglohnländern sehr attraktiv sein.

Test:
Wann braucht ein Unternehmen ein Netzwerkredesign?

Falls Sie eine oder mehrere der folgenden Fragestellungen mit „ja" beantworten können, sollten auch Sie über die Optimierung Ihres Produktions- und Logistiknetzwerks nachdenken:

- Wurden ein oder mehrere Standorte z. B. durch Zukauf/Merger in ein bestehendes Netzwerk integriert, ohne die Gesamtstrategie des Netzwerks zu überdenken und zu verändern?
- Fehlt eine klare Zuordnung von Technologien und Produkten zu den Standorten?
- Besteht bei den Herstell- und/oder Logistikkosten im Vergleich zum Wettbewerber ein Kostennachteil?
- Stehen wichtige Investitionsentscheidungen an und ist die Verteilung der Mittel auf die Produktionsstandorte unklar?
- Sollen zukünftig neue Absatzmärkte erschlossen werden? Und ist für die Erschließung der Märkte eine lokale Produktion notwendig?
- Ist das Unternehmen in einer stark wachsenden Branche tätig und ist zukünftig der Aufbau neuer Produktionsstandorte oder der Ausbau bereits vorhandener Standorte geplant?

In unserer Studie beschreiben drei Fallbeispiele unterschiedliche Unternehmen in unterschiedlichen Branchen, die sich mit einer oder mehreren der oben beschriebenen Problemstellungen konfrontiert sahen und sich dann dazu entschlossen haben, ihr Produktionsnetzwerk zu überdenken und neu zu gestalten.

Die erste Fallstudie (2.1) befasst sich mit einem Unternehmen in der chemischen Industrie, das im sehr reifen Kunststoffmarkt tätig ist und deshalb starkem Preis- und Kostendruck ausgesetzt ist. Die zweite Fallstudie (2.2) beschreibt die Vorgehensweise der Leoni AG, eines führenden Herstellers von Drähten, Kabeln und Bordnetzen, die sowohl auf die Post-Merger-Problematik als auch auf Ertragseinbrüche bei einigen ihrer Produkte reagieren musste. Die dritte Fallstudie (2.3) stellt die Problemsituation der Isola AG dar, einem führenden Anbieter von duroplastischen Kunststoffen, die sich mit ihren Produkten in einem stark wachsenden Markt befindet und ihr Netzwerk vor diesem Hintergrund neu gestalten wollte.

Alle drei Unternehmen haben Produktionsstandorte in mehreren europäischen Ländern oder sind sogar international vertreten und mussten sich so mit den Besonderheiten einer europäischen oder internationalen Ausrichtung des Produktionsnetzwerks auseinander setzen.

2.1 Restrukturierung des europäischen Produktionsnetzwerks am Beispiel der BASF-Gruppe

ANDREAS FERDINAND – ARTHUR D. LITTLE INTERNATIONAL, INC., WIESBADEN
CHRISTOPH HAEGER – ARTHUR D. LITTLE INTERNATIONAL, INC., WIESBADEN

Der stetige Preisverfall unserer Standardkunststoffprodukte hat uns gezwungen, unsere Produktionsstrategie zu überdenken. Am Ende dieses Prozesses haben wir unsere Fertigungskosten um 30 % reduziert, was ohne eine differenzierte Analyse und ein striktes Implementierungscontrolling nicht möglich gewesen wäre.

Produkte durchlaufen die verschiedenen Phasen ihres Lebenszyklus von der Einführung bis zur Reife. Wenn ihre Produkte an der Schwelle zur nächsten Lebenszyklusphase stehen, sind die Unternehmen gezwungen, ihre Strategie zu ändern und anzupassen. Hierbei wird häufig nur die Marketingstrategie berücksichtigt, die in den ersten Phasen des Lebenszyklus schwerpunktmäßig entwickelt worden ist und im Vordergrund stand. Doch gerade diese Marketingstrategien stoßen in den reifen Phasen chemischer Produkte schnell an ihre Grenzen, da der Wettbewerb fast ausschließlich über die Preisgestaltung erfolgt.

Die Überarbeitung der Produktionsstrategie im Zusammenhang mit der Unternehmensstrategie ist deshalb unabdingbar. Wichtige Faktoren (Grad der Rückwärtsintegration, Verbundstandorte, Prozesstechnologie, Produktrezepturen oder logistische Positionierung) müssen dem Commoditycharakter eines reifen Geschäfts angepasst werden – wenn das Produkt nicht durch einen Innovationsschub in einen jüngeren Lebenszyklus zurückgeführt werden kann.

Wenn ein Unternehmen nicht auf die veränderten Erfordernisse reagiert und unbeweglich bleibt, sind die Folgen meistens unwirtschaftliche Fertigungs-, Rohstoff- und Frachtkosten, die letztendlich zu einer nicht wettbewerbsfähigen und somit unprofitablen Situation des Unternehmens führen.

Die Ausrichtung der neuen Produktionsstrategie auf die sich ändernden Produkt- und Marktgegebenheiten wird sequentiell erarbeitet: Das Fundament eines neuen Produktionsnetzwerks muss durch Marketing und Vertrieb gelegt werden, die mit der klaren Festlegung des zukünftigen Produktportfolios für den reifen Markt die Vorgaben für das Produktionskonzept liefern. Dabei ist die Profitabilität von Teilsegmenten, Regionen, Kundengruppen und Produktklassen zu berücksichtigen.

Die Konzeption des zukünftigen Produktionsnetzwerks erfolgt dann durch die technischen Einheiten der Produktion und des Ingenieurwesens. Eine Standardlösung für die chemische Industrie gibt es in den meisten Fällen nicht, da bei existierenden Produktionsnetzwerken unterschiedliche Randbedingungen bezüglich Rohstoffversorgung, Rezepturmöglichkeiten und logistischen Positionierungen vorgegeben sind.

2.1.1 Kunststoffproduktion in Europa – Ausgangssituation und Zielsetzung für ein neues Produktionsnetzwerk

Der Fall der BASF-Gruppe zeigt die Bedeutung eines optimierten Produktionsnetzwerks. Das hier betrachtete Unternehmen macht einen Jahresumsatz von rund 1,5 Milliarden Mark und stellt Standardkunststoffe für Spritzguss-, Verpackungs- und Spezialanwendungen her. An mehreren europäischen Standorten werden insgesamt etwa tausend Mitarbeiter beschäftigt. Die Gesamtproduktionskapazität von 600 Kilotonnen jährlich verteilt sich zu 60 % auf Standardprodukte und zu 40 % auf Sonderprodukte.

Durch den preisgetriebenen Wettbewerb sah sich der Kunststoffproduzent gezwungen, seine Produktionsstrategie grundlegend zu überdenken. Nach Jahren guter Erträge und Gewinne war das Unternehmen mit abnehmenden Margen konfrontiert. Ursache: die am Markt vorherrschenden Überkapazitäten und das daraus resultierende aggressive Preisverhalten einiger Anbieter, speziell im Standardproduktsegment – klare Charakteristika eines reifen Marktes.

In Anbetracht dieser wirtschaftlich kritischen Situation suchte das Unternehmen nach Möglichkeiten, um seine Rentabilität zu verbessern. Hierbei stand die Überprüfung des Produktportfolios sowie der internen Kostenstrukturen im Vordergrund, da die Möglichkeiten seitens der Marketingstrategie aufgrund des hohen Preisdrucks stark eingeschränkt waren. Im Rahmen der Kostenstrukturen wurde besonderes Augenmerk auf das europäische Produktionsnetzwerk gelegt. Gebraucht wurde ein kohärentes und detailliertes Konzept für ein neues Produktionsnetzwerk, das dem Unternehmen seine volle Wettbewerbsfähigkeit zurückgeben würde.

Zunächst ging es darum zu verstehen, mit welchen Kunden beziehungsweise mit welchen Produkten das Unternehmen eigentlich Geld verdient. Hierzu war es nötig, die Gesamtkosten pro Produkt, Betrieb und Standort differenziert zu vergleichen. Ein wesentliches Ziel dieser Analyse bestand darin, die Kosten verursachungsgemäß den Standard- und Sonderprodukten zuzuordnen, die an denselben Produktionslinien hergestellt werden.

Auf Basis dieses klaren, quantitativen Kostenverständnisses, das Kostentreiber deutlich herausstellte, sollte sich durch die Neugestaltung des Produktionsnetzwerks wieder eine Kostenstruktur etablieren, die dem Unternehmen die Kostenführerschaft im Bereich Standardkunststoffe sicherte.

2.1.2 Das neue Produktionsnetzwerk

Eine dreistufige und sukzessive Vorgehensweise war entscheidend für die erfolgreiche Restrukturierung:

Auf eine Analysephase baute eine entsprechende Auswertung und Zieldefinition auf, in einer dritten Stufe ging es um die konkrete Umsetzung des optimierten Produktionsnetzwerks (siehe Abbildung 2.1.2 – 1).

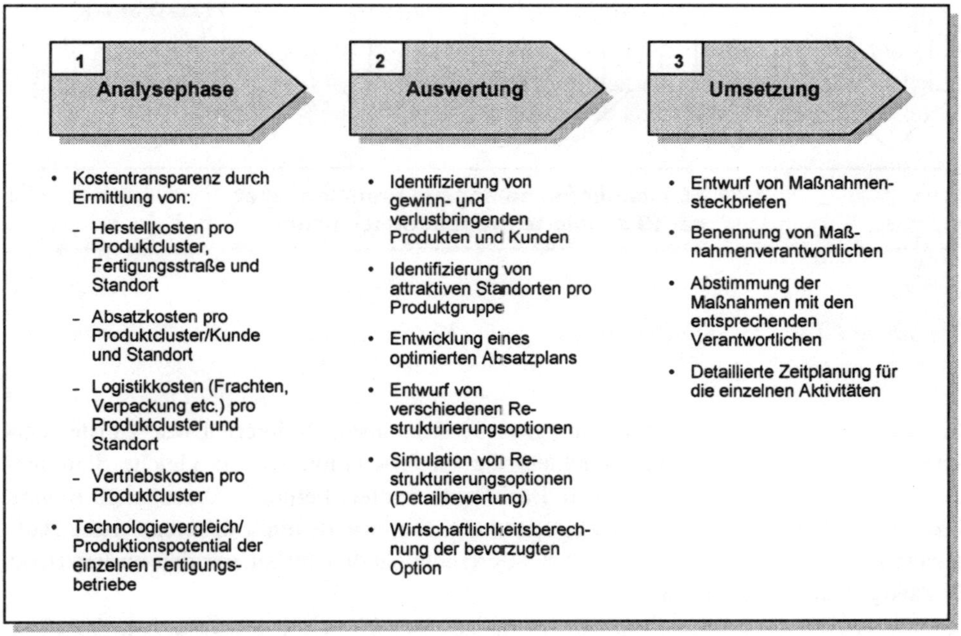

Abbildung 2.1.2 – 1: Restrukturierung des Produktionsnetzwerks in drei Stufen

Analysephase

Die Hauptschwerpunkte der Analyse lagen in der Ermittlung vollständiger Kostentransparenz sowie im Technologievergleich zwischen den Produktionslinien.

In der **Kostenanalyse** wurde als quantitative Vergleichsgröße der Deckungsbeitrag III (Gesamtkosten ohne F&E, Verwaltung, Overhead) gewählt (siehe Abbildung 2.1.2 – 2).

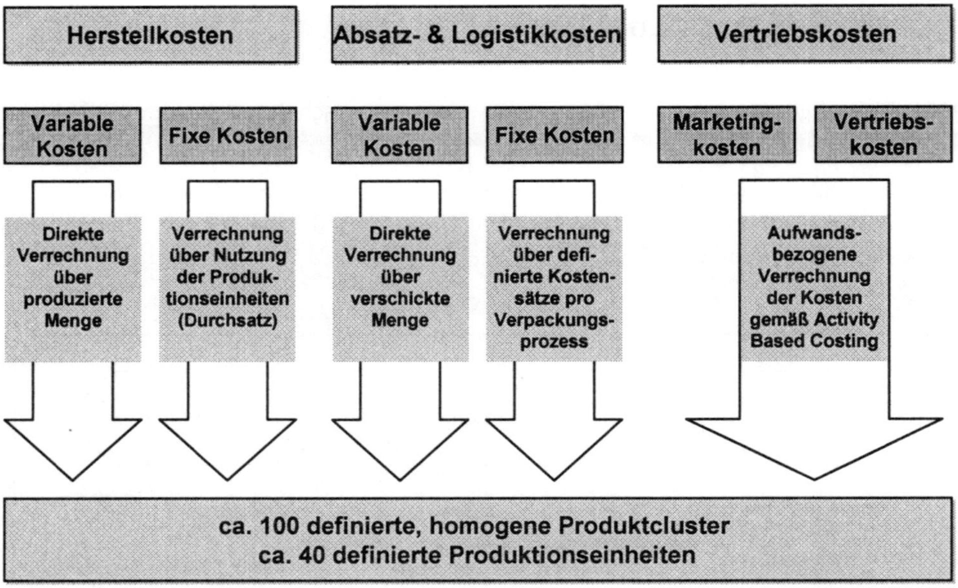

Abbildung 2.1.2 – 2: Verursachungsgerechte Kostenzuordnung in allen Teilbereichen

In einem ersten Schritt wurden homogene Produktcluster definiert. Diese Cluster entsprachen Gruppierungen von Produkten, die im Produktionsprozess gleiche Stationen durchlaufen bzw. auf den gleichen Basiskomponenten beruhen. Diese abgestimmte Clusterung führte zu einer Produktunterteilung, die eine deutlich differenziertere Aufgliederung der Produkte im Kostensystem erlaubte als dies bisher mit den vorhandenen Produktgruppen möglich war.

Die Zuordnung der Herstellkosten zu den Produktclustern erfolgte sehr detailliert, damit auf der Basis dieser Informationen später das neue Produktionsnetzwerk aufgebaut werden konnte. Die einzelnen Produktionslinien wurden zusammen mit den Betriebsleitern in Produktionseinheiten aufgeteilt und bezüglich der fixen Kosten separat erfasst. Hierbei waren die Erfahrungen der Betriebsleiter und die statistischen Aufzeichnungen der Betriebe von großer Bedeutung. Zur verursachungsgerechten Zuordnung wurden Standardprodukte streng von den Sonderprodukten getrennt: Sie durften beispielsweise nicht durch Kosten für Zusatzaggregate, die einzig zur Herstellung der Sonderprodukte notwendig waren, belastet werden. Ebenso musste ein Produkt nur die Ausfallkosten der Produktionslinie tragen, wenn diese im direkten Zusammenhang mit seiner Herstellung standen.

Auf die Zuordnung der Absatz- und Logistikkosten wurde besonderes Augenmerk gelegt, da sowohl die unterschiedlichen Verpackungsvarianten als auch Transportvolumina signifikanten Einfluss auf die Rentabilität des Produkts haben. Da keine vergleichbare

Kostentransparenz über alle Produktionslinien und -standorte vorhanden war, wurde ein neues Kalkulationsschema entwickelt und der Analyse zugrunde gelegt.

Die Vertriebskosten, die bislang über den Umsatz den Produkten zugeschlüsselt worden waren, wurden im Rahmen des Activity Based Costing (Verteilung der Vertriebskosten auf die Produktgruppen nach tatsächlich geleistetem Zeitaufwand) den benannten Produktclustern zugeordnet.

Die fertige Produktkostenanalyse ermöglichte eine sehr detaillierte Bestimmung der Rentabilität der einzelnen Produktcluster sowie einzelner Produktionslinien bzw. -standorte.

Die **Resultate der Kostenanalyse**: An keinem der Standorte (bzw. keiner der Produktionslinien) konnten die Standardprodukte zu wettbewerbsfähigen Kosten in ausreichender Menge hergestellt werden! Weiterhin zeigte die Produktkostenanalyse auch definitiv verlustbringende Produkte im Bereich Sonderprodukte. Der Grund hierfür war die Vermischung von Standard- und Sonderprodukten, die eine Reihe von Problemen mit sich brachte (unterschiedliche Kampagnenlänge, häufige Umstellungen, komplexe Umrüstungen und hoher Personalaufwand).

Im Rahmen des **Technologievergleichs** wurden die Voraussetzungen zur Produktion einzelner Produkte an den verschiedenen Produktionslinien bzw. -standorten erfasst und mit den für World-Class-Produktionen notwendigen Standards verglichen (zugrunde lag eine Benchmarkingstudie von Phillip Townsend, PTAI-Studie).

Ziel der Analyse war es, Möglichkeiten zu finden, wie die Kapazitäten für Standardprodukte auf spezifischen kostenoptimierten Anlagen sowie für Sonderprodukte auf Anlagen mit den notwendigen technischen Voraussetzungen gebündelt werden können.

Als **Ergebnis des Technologievergleichs** zeichnete sich eine Lösung ab, die einen Standort im Produktionsnetzwerk konsequent zur Herstellung von Standardprodukten nutzen würde, während ein anderer Standort die Sonderproduktion abwickeln sollte. Standorte zur Herstellung der Standardprodukte brauchen großvolumige Reaktoren und signifikante Potentiale zum Debottlenecking sowie das bereits existierende Logistikkonzept für Massenprodukte, nicht aber die installierte Peripherie für Sonderprodukte.

Die Herstellung einer Vielzahl der Sonderprodukte war aufgrund der vorhandenen speziellen Peripherie bereits an einen zweiten Produktionsstandort gebunden. Die überwiegende Zahl der an diesem Standort vorhandenen Linien bestand aus Reaktoren kleinerer Volumina, die grundsätzlich die für Sonderprodukte notwendige Fahrweise von kürzeren Kampagnen begünstigen.

Auswertungsphase

In der Auswertungsphase wurden die Analyseergebnisse genutzt, um das optimale Produktionsnetzwerk zu bestimmen. Verschiedene Restrukturierungsoptionen wurden entwickelt, berechnet und bewertet.

Auf Basis der erstellten Produktergebnisrechnung erfolgte die Bewertung der gewinn- und verlustbringenden Produkte. Bei Verlustbringern wurden die unter den gegebenen Marktbedingungen geringen Möglichkeiten zur Preisgestaltung sowie Optionen zur Verbesserung der relevanten internen Kostenstrukturen untersucht. Für Verlustbringer, die kein Potential zur Entwicklung in Richtung eines Gewinnträgers zeigten, wurden konsequente Ausstiegsszenarien definiert und festgelegt. Am Ende stand ein um Verlustbringer bereinigter Absatzplan mit abgeschätzten Bandbreiten für die jeweiligen Produktcluster.

Auf Basis dieses Absatzplans wurden verschiedene Produktionsoptionen betrachtet. Es wurden sowohl Restrukturierungsmöglichkeiten (Umbau, Schließungen, Debottlenecking etc.) als auch Optionen für den Neubau von World-Scale-Anlagen entwickelt und berechnet. In allen Fällen diente der sogenannte Zero-Base-Ansatz – dessen Maxime es ist, radikal bei Null zu beginnen – als Grundlage für die Bestimmung der notwendigen technischen und personellen Ressourcen pro Betrieb bzw. Standort. So wurden potentielle Rücksichtnahmen auf existierende Randbedingungen bei der Optionsentwicklung so gering wie möglich gehalten. Die Berechnung der Optionen berücksichtigte ebenfalls mögliche logistische Auswirkungen der angenommenen Restrukturierung (z. B. Erhöhung von Fracht- und Lagerkosten bei Konzentration von Standardprodukten an einem Standort).

Von insgesamt sechs verschiedenen Optionen zur zukünftigen Struktur des Produktionsnetzwerks kristallisierte sich nach quantitativer und qualitativer Bewertung die zu favorisierende Restrukturierungsoption sehr deutlich heraus. Das Ziel dieser Option bestand in der klaren Produktionstrennung zwischen den Standard- und Sonderprodukten an den Produktionslinien bzw. Standorten.

Das **Zentrum für Standardprodukte** richtete demnach die Entwicklung seiner Produktionsstraßen voll auf die Massenproduktion der Commodities (charakterisiert u. a. durch hohen Automatisierungsgrad, angepasste Personalstruktur) aus. Das gezielte Debottlenecking der Anlagen und die Einführung eines neuen Prozessschritts erlaubten die Schließung von älteren Anlagen unter Beibehaltung der Gesamtkapazität. Als Voraussetzung für den Erfolg dieses Zentrums wurde eine kostenoptimierte Kampagnenfahrweise entwickelt und festgelegt. Diese Maßnahmen führten zu einer signifikanten Reduktion der spezifischen Herstellungskosten, die die berechnete Erhöhung der Logistikkosten bei weitem übertraf.

Die Struktur wurde so optimiert, dass die bislang eher hohen spezifischen Fertigungskosten (unteres Viertel im Wettbewerbsvergleich) um rund 30 % gesenkt werden konnten (siehe Abbildung 2.1.2 – 3).

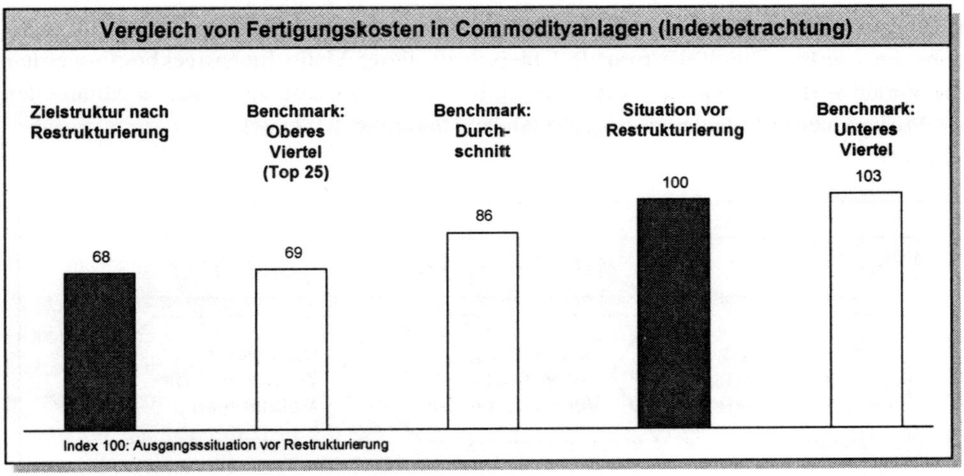

Abbildung 2.1.2 – 3: Durchschnittliche Fertigungskosten für Standardprodukte: Die Kosten liegen nach der Restrukturierung alle in der Top-25-Klasse

Ein weiterer Standort im Produktionsnetzwerk wurde zum **Zentrum für Sonderprodukte** ausgebaut. Die spezifischen Kosten konnten durch Automatisierung und Nutzung von Synergien über Betriebszusammenlegungen (neue Aufbau- und Ablauforganisation) ebenfalls deutlich reduziert werden. Durch die Konzentration der Sonderprodukte wurden an diesem Standort zusätzlich Logistikkosten über die Reduzierung von Lagerkosten eingespart.

Insgesamt betrachtet führte die Optimierung des Produktionsnetzwerks zu signifikanten Kosteneinsparungen. Nach Auswahl der entwickelten Option zur Restrukturierung des Produktionsnetzwerks wurden die Einsparungen, Investitionen und Einmalaufwendungen in einer Wirtschaftlichkeitsrechnung bewertet. Die deutliche Senkung der Herstellungskosten erlaubte die erforderlichen, aufwendigen Investitionen. Insgesamt stellte sich die Restrukturierung des Produktionsnetzwerks in der vorgeschlagenen Weise für die Kunststoffproduzenten als hoch profitables Projekt dar.

Umsetzungsphase

Auf Basis der entwickelten Optionsdaten wurde für die Umsetzungsphase letztendlich ein detaillierter Implementierungsfahrplan erstellt, der kontinuierlich durch einen Implementierungscontroller überwacht wird. Die Restrukturierung der Produktionslinien und -standorte selbst wurde jeweils als Projekt aufgebaut. Alle notwendigen begleitenden Maßnahmen wie zum Beispiel „Marktausstieg aus verlustbringenden Produktclustern" sind in spezifischen projektartig aufgebauten Maßnahmenplänen beschrieben und festgehalten worden. Durch die formale Unterschrift dieser Maßnahmensteckbriefe wurden die Verantwortlichkeiten zur Durchführung der Maßnahmen an ausgewählte Mitarbeiter als Maßnahmen-/Projektleiter delegiert (siehe Abbildung 2.1.2 – 4).

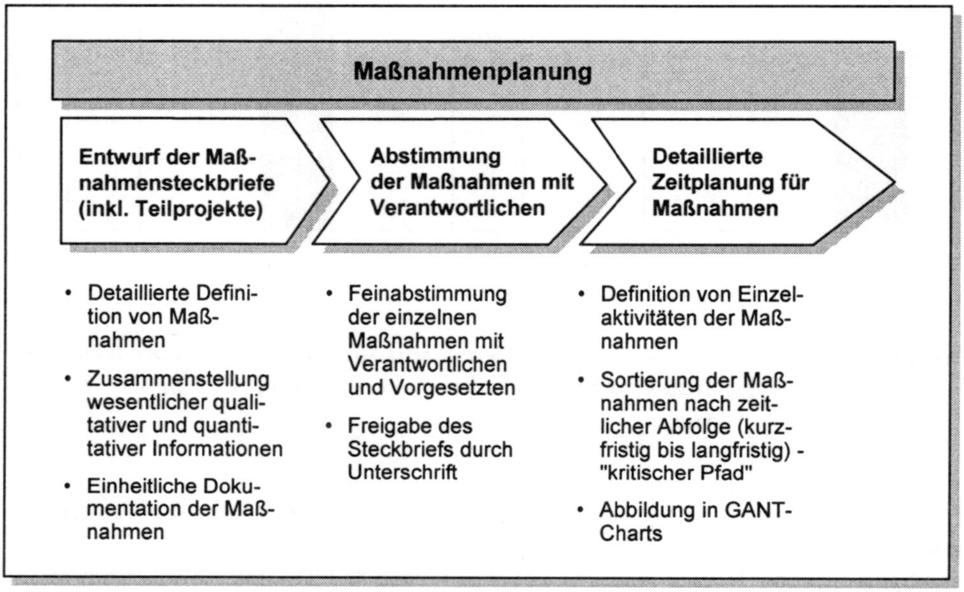

Abbildung 2.1.2 – 4: Die dokumentierte und abgestimmte Detailplanung der Maßnahmen bildet das Fundament jeder erfolgreichen Umsetzung

Die gesamten Maßnahmen wurden über die Maßnahmensteckbriefe in einer Implementierungsdatenbank aufgelistet. Mit Hilfe dieser Datenbank und regelmäßiger Berichte der Maßnahmenleiter konnte der Implementierungscontroller den Fortschritt des Gesamtprojekts verfolgen und das Erreichen oder Auftreten kritischer Meilensteine sofort erkennen und darstellen. Parallel dazu wurden im Projektteam die Fortschritte erläutert, vor allem aber Verzögerungen oder kritische Meilensteine besprochen und mögliche Lösungen beschlossen.

2.1.3 Mit sieben Regeln zum Erfolg – Der Rahmen für die Restrukturierung des Produktionsnetzwerks

1. Konsequente strategische Ausrichtung

Zu akzeptieren, dass das Geschäft im Produktlebenszyklus einen hohen Reifegrad erreicht hat, ist oft sehr schmerzlich: Viele aufwändige Services, Entwicklungsarbeiten, Sonderprodukte und technische Seitenwege werden zu aufwändig, um sie weiterhin zu betreiben. Die Einstellung der Mitarbeiter muss sich ändern, um sich auf das Einfache und Bezahlbare zu konzentrieren.

2. Hohe Kostentransparenz als unbedingtes Muss

Die umfangreiche Analyse der Produktkostenstrukturen ist absolut erforderlich für die Identifizierung möglicher Restrukturierungsoptionen.

Im zukünftigen Kostenrechnungssystem sind die Grundzüge der erarbeiteten Produktergebnisrechnung auf Basis der verursachungsgemäßen Kostenzuordnung in Produktion, Logistik und Vertrieb verankert und werden als permanentes Controllinginstrument eingesetzt.

3. Technologiepotentialdarstellung als verlässliche Optionsbasis

Erst die Identifizierung und Beschreibung der technischen Möglichkeiten führt zu verlässlichen und signifikanten Restrukturierungsoptionen.

4. Zero-Base-Ansatz als kreativer und innovativer Weg

Zero-Based-Denken ist entscheidend für die Festlegung des neuen Produktionsnetzwerks, da nur so alte Hierarchien, Philosophien („Das war schon immer so!") und „technische Gegebenheiten" über Bord geworfen werden können.

5. Ganzheitliche Neukonzeption

Eine Sonderlösung für einzelne Standorte in einer Region, einzelne Produkte einer Business-Unit, einzelne Mitarbeiter einer Funktion kann es bei einer solchen Restrukturierung nicht geben. Im Interesse des Ganzen müssen alle Standorte ihre sogenannten Sonderprodukte abgeben. Das zieht Konsequenzen für alle Regionen und Mitarbeiter nach sich, die letztendlich das Überleben der Geschäftseinheit sichern.

6. Strenges, systematisiertes Implementierungscontrolling als Garant der Realisierung

Das im Gegensatz zum Zero-Base-Ansatz stark formalisierte Implementierungscontrolling ist unerlässlich, wenn man den Überblick behalten möchte. Nur auf diese Weise kann der Verlauf der einzelnen Maßnahmen dokumentiert und der Erfolg des Gesamtprojekts gemessen werden.

7. Ein motiviertes Team als Motor der Konzeptionierung und Implementierung

Im Falle der BASF-Gruppe bestand das Team zu 90 % aus Mitarbeitern des Kunststoffproduzenten, die teilweise ausschließlich für das Projekt freigestellt waren. „Ohne das motivierte Projektteam, das keine Diskussionen scheute und offen für neue Wege war, wäre die Konzeptionierung und Feinplanung des neuen Produktionsnetzwerks nicht in den vorgesehenen fünf Monaten erreicht worden."

2.2 Neugestaltung der europäischen Produktionsstruktur am Beispiel der Leoni AG

ANDREAS KLAUS – LEONI AG, WEIßENBURG
STEFAN TREIBER – ARTHUR D. LITTLE INTERNATIONAL, INC., MÜNCHEN

Ein wesentlicher Schlüsselfaktor für den Erfolg eines Industrieunternehmens wird zukünftig die optimierte Ausrichtung des Produktionsnetzwerks sein.

Die Leoni AG musste einige der kritischen Fragen aus dem Test „Wann braucht ein Unternehmen ein Netzwerkredesign" (Kapitel 2) für ihren Unternehmensbereich Draht mit „ja" beantworten. Mit seinem Hauptsitz in Nürnberg ist das Unternehmen europaweit führend in der Herstellung von Drähten, Kabeln und Bordnetzen. Der in die Analyse einbezogene Unternehmensbereich Draht macht einen Fremdumsatz von rund 200 Millionen Mark. Die Versorgung der Märkte geschieht von sieben Standorten in Europa aus, von denen vier in Deutschland, zwei in Italien und einer in Großbritannien liegen. Die Werke spielen auch als interne Lieferanten eine wichtige Rolle.

Hauptprodukte des Unternehmensbereichs Draht sind blanke, verzinnte und versilberte Drähte und Litzen. Darüber hinaus werden noch sogenannte Leonische Produkte, d. h. Gespinste, Metallbänder und Textilien mit Drahtintarsien hergestellt. Hauptkunden sind Kabelwerke und Komponentenhersteller; Hauptkonkurrenten sowohl kleinere, regionale Produzenten als auch größere europa- und weltweit vertretene Anbieter von Drähten und Litzen.

Nach Akquisitionen in der Vergangenheit wurde bei der Leoni AG, speziell im Unternehmensbereich Draht, Spielraum für eine deutlich höhere Profitabilität gesehen. Ein Grund dafür waren die sieben Produktionsstätten in Europa mit ihren sich teilweise überschneidenden Produkt- und Technologieportfolien. Diese Produktionsstruktur zur Versorgung des europäischen Marktes war Gegenstand einer Diskussion im Unternehmen, bei der es um eine mögliche Konzentration auf eine geringere Zahl von Werken ging. Ausgelöst wurde diese Diskussion im wesentlichen durch drei Faktoren:

Erstens hatte sich die Leoni AG zum Ziel gesetzt, den Ertrag zu steigern, wozu signifikante Kostensenkungen einen Beitrag leisten sollten; zweitens zeichnete sich für alle Standorte ein Investitionsbedarf (u. a. in Erhaltungsmaßnahmen und EDV) ab, dessen Höhe eine erhebliche Belastung von Liquidität und Konzernergebnis erwarten ließ; und drittens bestand die grundsätzliche Notwendigkeit, das durch Akquisitionen in den letzten Jahren schnell gewachsene Produktionsnetzwerk im Detail auf seine Effizienz hin zu überprüfen.

Ziel des Vorhabens war es, die Möglichkeit einer signifikanten Senkung der Produktionskosten und die Allokation der benötigten Investitionen für den Bereich Draht über eine Veränderung der Produktionsstruktur zu prüfen. Dabei sollten verschiedene Alternativen verglichen werden. Für die zu empfehlende Alternative sollte darüber hinaus ein Maßnahmenplan erstellt werden, der die zügige Umsetzung der Ergebnisse ermöglicht.

2.2.1 Alternativen für ein neues Produktionsnetzwerk (Phase I)

In drei Phasen wurde das Netzwerk des Unternehmensbereichs Draht der Leoni AG implementierungsfähig umgestaltet (siehe Abbildung 2.2.1 – 1). Ziel der ersten Phase war, Alternativen herauszuarbeiten, die zu deutlichen Effizienzsteigerungen in der Produktion und damit zu einer deutlichen Senkung der Herstellkosten führen würden. Nach Abschluss der ersten Phase wurden dann intensiv die Ergebnisse dieser ersten Grobbewertung mit Vor- und Nachteilen der herausgearbeiteten strukturellen Alternativen diskutiert. Zwei interessante Alternativen wurden daraufhin ausgewählt. In Phase zwei wurden diese zwei Alternativen dann durch weitere Analysen untermauert und zu einer Empfehlung verdichtet. In Phase drei wurde die Empfehlung in einen Masterplan umgesetzt, der als Grundlage für die Implementierung diente.

Eine Vorgehensweise in drei Phasen hat sich bewährt:

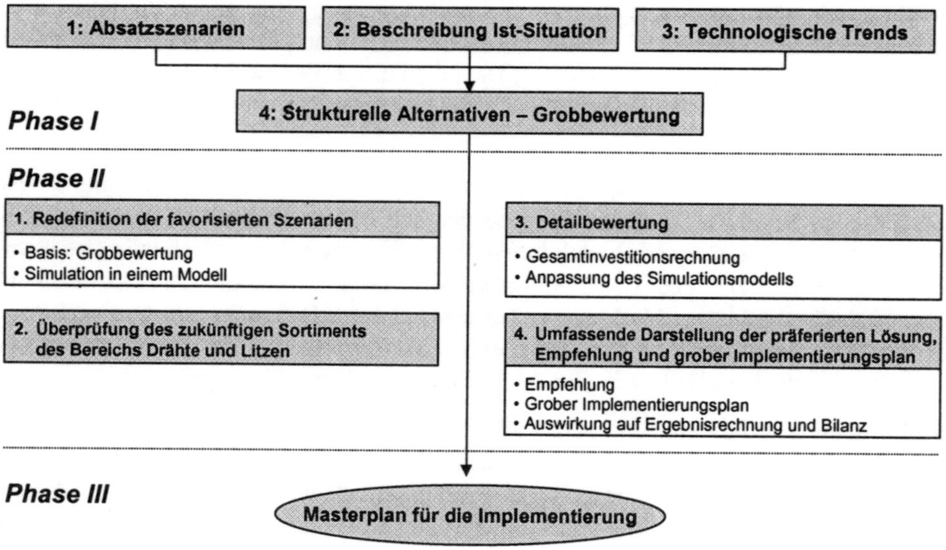

Abbildung 2.2.1 – 1: Vorgehensweise Netzwerkredesign

Absatzszenarien

Ausgangspunkt der Analyse war eine Ausarbeitung von zukünftigen Absatzszenarien. Dabei wurden für die wichtigsten Produktgruppen des Bereichs Draht Absatzzahlen – differenziert nach den regionalen, ausgehend von den vorhandenen Werken versorgten Märkten – für die nächsten fünf Jahre prognostiziert. Auch der Eigenverbrauch von Leoni für die eigenen Kabelwerke wurde in die Analyse einbezogen. Ziel dieses Arbeitsschritts war es, den Kapazitätsbedarf des zukünftigen Produktionsnetzwerks zu definieren.

Verfolgt man einen marktorientierten Ansatz, kommt diesem Analyseschritt besondere Bedeutung zu, weil er die Basis für alle weiteren Stukturüberlegungen darstellt. Werden hier falsche Annahmen zugrunde gelegt, besteht die Gefahr, dass das neue Produktionsnetzwerk den zukünftigen Marktanforderungen nicht genügt und nach nur kurzer Zeit ein erneutes Redesign des Netzwerks erforderlich wird. Um diesem Risiko Rechnung zu tragen, wurden ein Worst-Case-, ein Best-Case- und ein als realistisch angenommenes Marktszenario erstellt. Basis der Analyse war der Langfristabsatzplan der Leoni AG, der dann mit den Vertriebsverantwortlichen auf seine Chancen und Risiken hin diskutiert wurde.

Weitere in diesem Zusammenhang zu analysierende Bereiche waren Rahmenbedingungen wie Lieferzeitanforderungen des Kunden oder auch Local-Content-Bestimmungen, die die Produktionsstruktur signifikant beeinflussen. Auch die Frage der Verbindung von Markterfolg und Produktionsstruktur wurde diskutiert.

Bei Leoni waren sich die Mitarbeiter einig: *„Wir erwarten keine extremen Marktwachstumspotentiale für die Zukunft. Entscheidend für unseren zukünftigen Erfolg wird es sein, Marktanteile durch eine kostengünstige Produktion zu gewinnen.“*

Als Ergebnis dieses Analyseschritts ermittelten wir Absatzszenarien, die in der realistischen Ausprägung keine extremen Marktveränderungen und ein moderates Wachstum von rund 5 % erwarten ließen. Auch im Best-Case-Szenario zeigten sich für das größte Geschäftsfeld keine außerordentlichen Wachstumspotentiale. Für das zukünftige Produktionsnetzwerk konnten wir daraus ableiten, dass die heutigen Produktionskapazitäten als Basis für das zukünftige Netzwerk angenommen werden können. Unterschiedliche Entwicklungen in den einzelnen Regionen gingen als Basisdaten in die Strukturalternativen ein.

Die Ermittlung der Hauptkostentreiber

Durch die Analyse der heutigen Produktionsstruktur wurden die einbezogenen Standorte in ihrer Kostenstruktur, ihren Kapazitäten und ihren Produktivitäten beschrieben. Damit wurde eine solide Grundlage für die Bewertung von Strukturalternativen gelegt, die für eine solche Studie besonders wichtig ist. Daneben wurden die Logistikkosten (für den Bezug von Rohstoffen und Halbfabrikaten, den Transfer von Produkten zwischen den

Standorten sowie zwischen den Standorten und Fertigwarenlagern bzw. Kunden) erfasst und analysiert.

Ein Erfolgsfaktor des Netzwerkredesigns ist in dieser frühen Analysephase, die Hauptkostentreiber des Unternehmens zu ermitteln. Sie bilden die Basis für alle weiteren Strukturüberlegungen. In erster Linie kommt es darauf an, die Bedeutung der einzelnen Kostenblöcke (Personal-, Material- und Distributionskosten) gegeneinander abzuwägen.

Kommt man beispielsweise hier zu dem Ergebnis, dass die Auslastung der Maschinen – bedingt durch eine hohe Kapitalintensität des Maschinenparks – oder hohe Personalkosten der primäre Kostentreiber sind, bietet sich bei der Redefinition des Netzwerks eine Konzentration von Produktionseinheiten (Economics of Scale) bevorzugt an Standorten mit niedrigem Personalkostenniveau an.

Falls Personalkosten der Haupthebel für eine kostengünstige Wertschöpfung sind, können auch durch sinnvolle Zusammenfassung gleichartiger Produkt- oder Maschinengruppen an den verbleibenden Standorten Synergiepotentiale ausgenutzt werden.

Sind jedoch die Logistikkosten der primäre Treiber, wird man eher zu einer regionalen Ausgestaltung des Netzwerks tendieren. Zu beachten sind in diesem Zusammenhang auch weitere Einflussfaktoren, wie Local-Content-Bestimmungen oder andere gesetzliche Vorschriften, die möglicherweise eine nationale Produktion erforderlich machen können.

Als Ergebnis der Analyse bei Leoni kann folgendes festgehalten werden:

- Die Personalkosten machen einen erheblichen Teil der beeinflussbaren Kosten aus und stellen damit den Hauptkostentreiber dar. Bei der Redefinition des Netzwerks ist infolgedessen der Schwerpunkt auf die Minimierung der Personalkosten zu legen.
- Die Logistikkosten spielen gegenüber den Personalkosten eine untergeordnete Rolle. Sie machen in Summe über alle Standorte ca. 10 % der gesamten Personalkosten aus. Ein Mitarbeiter der Leoni AG sagte: „*Die überproportionale Bedeutung der Personalkosten gegenüber den Logistikkosten war uns in dieser Ausprägung nicht bewusst.*“
- Die Materialkosten haben für die Draht- und Litzenproduktion kaum Relevanz, weil der Kupferpreis an den Kunden weitergereicht werden kann. Bei der Definition des Netzwerks können sie deshalb vernachlässigt werden. Lediglich eine ausreichende Versorgung mit qualitativ hochwertigem Kupfer muss sichergestellt sein.
- Lokale Besonderheiten oder gesetzliche Regelungen spielen eine untergeordnete Rolle.

Die Bewertung technologischer Trends

Neben Absatzszenarien und der aktuellen Struktur sollte auf keinen Fall darauf verzichtet werden, technologische Trends in der Branche zu analysieren, um ihnen in der Gestaltung des Produktionsnetzwerks Rechnung tragen zu können. Ziel dieses Arbeitsschritts ist es, Veränderungen in der Produkt- oder Produktionstechnologie zu erfassen und in die Strukturüberlegungen einzubeziehen. Solche Veränderungen wirken sich auf den Kapazitätsbedarf, die notwendigen Investitionen sowie die laufenden Produktionskosten aus und sind damit für die hier angesprochene Fragestellung von großer Bedeutung.

Bedeutende technologische Veränderungen waren jedoch im Fall der Leoni AG nicht zu erwarten. Deshalb konnte dieser Analyseschritt kurz gehalten werden. Um technologische Trends auf der Produktseite zu ermitteln, wurden Gespräche mit Vertriebsverantwortlichen und Kunden geführt. Technologische Trends auf der Produktionsseite wurden mit Produktionsverantwortlichen und mit Maschinenherstellern diskutiert.

Im Anschluss an diese Interviews diskutierten wir die Ideen in einem gemeinsamen Workshop und erarbeiteten Implikationen für das zukünftige Produktionsnetzwerk mit folgenden Ergebnissen:

- Technologische Neuerungen sind vor allem bei den Produktionsmaschinen zu erwarten. Ein sich weiter fortsetzender Ersatz von Einzeldrahtmaschinen durch Mehrfachzuganlagen ist ein klar ersichtlicher Trend - in Zukunft auch für Spezialprodukte.
- Auf der Produktseite zeichnet sich ein Trend ab von blanken Produkten (ohne Legierung) hin zu hochwertigeren verzinnten, versilberten und vernickelten Produkten.
- Die Implikationen der technologischen Neuerungen auf die Produktionsstruktur können gering eingeschätzt werden.

Aus den oben beschriebenen Analysen (Absatzszenarien, Kostensituation der Produktionsstruktur, technologische Trends) konnten folgende Implikationen für das zukünftige Produktionsnetzwerk abgeleitet werden, die als Basis für die Definition erster Strukturalternativen dienten:

- Die **Absatzszenarien** lassen keine grundlegenden Veränderungen am Markt erwarten. Basis für die Produktionsstruktur sollte deshalb die heutige Absatzstruktur mit der Einbeziehung von jährlichen Wachstumserwartungen von rund 5 % sein.
- Die Analyse der **heutigen Produktionsstruktur** hat als Kostentreiber klar die Bedeutung der Personalkosten aufgezeigt. Die Logistikkosten sind zweitrangig. Dies hat zur Folge, dass sich die Neuausrichtung des Produktionsnetzwerks an einer Zusammenlegung von Produktionseinheiten (Economics of Scale) und einer Verlegung von personalintensiven Bereichen in Niedriglohnländer orientieren sollte. Darüber hinaus ließ die Analyse erkennen, dass durch die Bildung von Produktionszentren Synergiepotentiale erschlossen werden können.

- **Technologische Trends** sind vor allem auf der Maschinenseite zu erwarten. Die stetige Entwicklung von Einzeldrahttechnologie zu Mehrdrahttechnologie sollte bei Neuinvestitionen beachtet werden. Darüber hinaus sollte die Einzeldrahttechnologie auf einen Standort konzentriert werden, um diese „alten" Technologien möglichst effizient als Cash Cow auszunutzen.

Die Alternativen, die nun hieraus entwickelt wurden, orientieren sich vor allem an der Idee, Produktionszentren zu bilden (Bündelung von Technologien und Produkten, die eine hohe Auslastung der Produktionskapazitäten und eine Reduzierung der Personalkosten gewährleisten). Auch die Verlagerung von personalintensiven Bereichen an Standorte mit niedrigerem Lohnniveau wurde in die Überlegungen miteinbezogen (siehe Abbildung 2.2.1 – 2).

Was ist ein Produktionszentrum?

- Sinnvolle Zusammenfassung von gleichartigen Produkt- oder Maschinengruppen an einem Standort mit dem Ziel, Synergien auszunutzen

Vorteile von Produktionszentren

- Verbesserung der Maschinenbedienerverhältnisse
- Erhöhung der Kapazitätsauslastung
- Konzentration von Know-how an einem Standort
- Gezielter Einsatz von Springern
- Verbessertes Ersatzteil- und Instandhaltungs-management
- Klare Zuordnung von Maschinen/Produkten (erhöhte Transparenz für Vertrieb)

Abbildung 2.2.1 – 2: Produktionszentren und mögliche Synergiepotentiale

In dieser Phase der Grobbewertung wurden sowohl extreme Szenarien gebildet, die eine Vorstellung von erreichbaren Potentialen geben konnten, als auch konservative, die die Größenordnung für realisierbare Lösungen zeigten. Ausgangspunkt war dabei eine Fortschreibung des Ist-Zustands, mit der sämtliche Alternativen verglichen wurden. Für den Ist-Zustand und ausgewählte Alternativen wurden die relevanten Aus- und Einzahlungen in Zahlungsreihen grob abgebildet, auf deren Basis dann ein abgezinster Kapitalwert (Net Present Value) berechnet wurde. Der Analysehorizont betrug dabei zehn Jahre.

In einem – Phase I abschließenden – Workshop auf Topmanagement-Ebene wurden die definierten und bewerteten Szenarien vorgestellt und diskutiert. Nach diesem Workshop kristallisierten sich zwei Szenarien für die weitere, vertiefte Analyse heraus. Die Option eines neuen Standorts in Osteuropa wurde aufgrund der Personalkostenrelevanz in die Analyse miteinbezogen. Somit waren folgende zwei Alternativen in Phase II zu vertiefen:

Szenario 1 (extremer Ansatz): In diesem Szenario wird die Produktion von sieben Standorten auf drei zusammengefasst. Ein Standort in England soll hierbei Spezialprodukte herstellen, ein Standort in Deutschland konzentriert sich auf technisch anspruchsvolle Produkte mit höherer Wertschöpfung und ein großer Standort in Osteuropa übernimmt aufgrund seiner Personalkostenvorteile die Herstellung von Commodityprodukten. Wegen der Personalkostenvorteile in Osteuropa erscheint dieses Szenario aus betriebswirtschaftlichem Blickwinkel sehr attraktiv. Die jährlichen Einsparungen belaufen sich hierbei auf ca. zwei Drittel der einmaligen Ausgaben.

Szenario 2 (konservativer Ansatz): Kern dieses Szenarios ist die Bildung von Produktionszentren, d. h. den einzelnen Standorten werden Kompetenzen zugeteilt, die sich primär an deren heutigen Schwerpunkten und Stärken orientieren. Beispielsweise wurde einem deutschen Standort die Kompetenz für sogenannte dünne Abmessungen (Drahtdurchmesser < 0,15 mm) zugeteilt, Maschinen zur Herstellung von dickeren Drähten werden an einem anderen deutschen Standort zusammengefasst. Blanke und verzinnte Einzeldrahtprodukte gehen an einen italienischen Standort, der diese Produkte – aufgrund seiner bereits vorhandenen Kompetenz und seiner Personalkostenvorteile – am effizientesten herstellen kann. Spezialprodukte, wie versilberte und vernickelte Einzeldrahtprodukte, werden am englischen Standort zusammengefasst. Ein italienischer Standort wird aufgegeben, dafür wird ein neuer osteuropäischer Standort in das Szenario mit aufgenommen. Dieser Standort soll sich auf die Herstellung von Commodityprodukten spezialisieren. In Summe bleibt somit die Anzahl der Standorte bei sieben. Die jährlichen Einsparungen belaufen sich in diesem Szenario auf etwa 80 % der einmaligen Ausgaben.

2.2.2 Verfeinerung der Szenarien (Phase II)

Projektphase II umfasste eine Verfeinerung der Alternativenbewertung, auf deren Basis eine konkrete Empfehlung entstand, die mit Hilfe einer Sensitivitätsanalyse auf ihre Robustheit hin überprüft und durch eine Sortimentsüberprüfung untermauert wurde. Auch eine qualitative Bewertung der erfolgversprechenden Alternativen wurde durchgeführt.

Wie oben beschrieben, wurde die Idee eines neuen Standorts in Osteuropa in die Szenarien aufgenommen. Dieser Vorteil – besonders für die Produktion der Commodityprodukte – wurde im Verlauf der Analysen durch die starke Bedeutung der Personalkosten evident. Die Leoni AG konnte außerdem bereits in ihrem Unternehmensbereich

Bordnetze positive Erfahrungen mit osteuropäischen Standorten sammeln. Auf diese Erfahrungen bauten wir in der weiteren Verfeinerung der Szenarien auf – unterstützt durch externe Analysen.

Am Ende der Phase II konnte eine klare Managementempfehlung für das zweite Szenario gegeben werden, das für das zukünftige Produktionsnetzwerk die Umsetzung des Produktionszentrengedankens für alle Standorte vorsah.

Begründet wurde die Empfehlung folgendermaßen: Szenario 2 erschließt schnelle Kostenvorteile und ermöglicht die Nutzung von Synergien in Produktionszentren bei gleichzeitiger Erhöhung der Maschinennutzung. Der Aufbau eines osteuropäischen Standorts bringt enorme Kostenvorteile bei Commodityprodukten. Darüber hinaus können auch interne Bedarfe für die Kabelstandorte Slowakei und Ungarn über den neuen osteuropäischen Standort bedient werden. Durch die Schließung eines Standorts soll eine Bereinigung bzw. Konzentration der Standorte vorgenommen werden.

Die Benefits dieser Empfehlung ergaben jährliche Einsparungen – bezogen auf die Gesamtkosten – von rund 16 %.

Die neue Produktionsstruktur weist deutliche Einsparpotentiale auf:

- Einsparungen bezogen auf die Gesamtkosten von 16 %
- Durchschnittliche Einsparungen pro Tonne von 260 DM
- Schwerpunkt der Einsparungen: 80 % Personalkosten und 20 % Energiekosten
- Amortisation der Einmalausgaben in zwei bis drei Jahren
- Personalreduktion um 13 %

2.2.3 Implementierung des Konzepts (Phase III)

Die Empfehlung wurde nach der Entscheidung durch den Vorstand in einen sogenannten Masterplan umgesetzt, der als Basis für die Implementierung dient. Dieser Masterplan wurde gemeinsam mit den Verantwortlichen der Implementierung erstellt. Hierbei wurden Details diskutiert, Problembereiche vertieft und ein klarer, zwischen den betroffenen Standorten und Organisationseinheiten abgestimmter Zeitplan festgelegt. Der Schwerpunkt in dieser Phase lag auf dem sogenannten Fine Tuning, d. h. der Detailplanung der einzelnen Produktionszentren. Auf Werkleiterebene diskutierten wir, welche Produkte und Maschinen letztendlich transferiert werden sollten, um das Konzept vollständig umzusetzen. Natürlich hatte jeder Standort spezifische Interessen, die in bilateralen Gesprächen ausdiskutiert und z. T. durch kleinere Einzelanalysen geklärt wurden. Der

Zeitplan für die anstehenden Maschinentransfers wurde ebenfalls in solchen bilateralen Gesprächen aufgestellt. Verantwortlich für Umsetzung der Maßnahmen und die Einhaltung des Zeitplans sind jeweils die aufnehmenden Standorte (siehe Abbildung 2.2.3 – 1).

Um die bestehenden Potentiale möglichst schnell ausschöpfen zu können, läuft die Implementierung in zwei Stufen parallel ab:

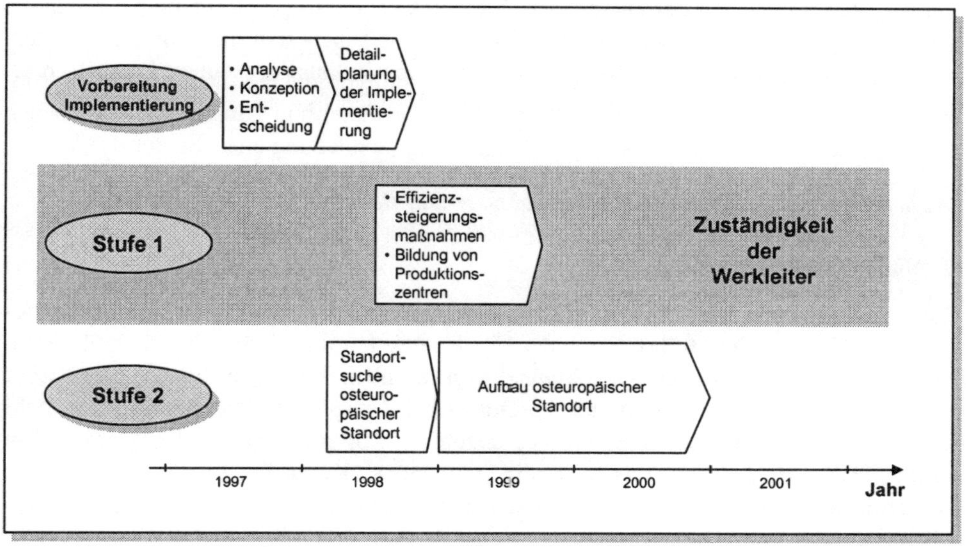

Abbildung 2.2.3 – 1: Der Masterplan für die Implementierung

Bei der Umsetzung stand darüber hinaus noch die Klärung einiger anderer – hauptsächlich rechtlicher Probleme – an. Die ausländischen Standorte sind eigene Landesgesellschaften mit Profitverantwortung, die deutschen Standorte gehören zur Leoni AG und haben lediglich Kostenverantwortung. Diese rechtliche Struktur führte in der Detaillierungsphase teilweise zu konträren Meinungen, bei der logischerweise auch standort- und verantwortungsbereichsbezogene Interessen vertreten wurden. Hier wurde uns deutlich vor Augen geführt, dass der Teufel oft im Detail liegt. Aber: Indem wir konsequent verantwortliche und betroffene Mitarbeiter miteinbezogen, konnten wir auch in den kniffligen Detailfragen zu erfolgreichen Lösungen kommen.

Zum Beispiel traten bei den Verrechnungspreisen aufgrund der unterschiedlichen Rechtsformen der einzelnen Landesgesellschaften, der damit verbundenen unterschiedlichen Zielvorgaben und der unterschiedlichen Kostenrechnungssysteme Probleme auf. Unter Einbezug von Controlling mussten hier klare Vorgaben und Regelungen getroffen werden.

Außerdem war – insbesondere durch die Verlagerung von verzinnten und blanken Einzeldrahtprodukten nach Italien und die damit verbundene Belieferung von nichtitalienischen Kunden (primär deutscher Kunden) von Italien aus – ein neues Logistikkonzept erforderlich. Hier wurde eine sehr interessante und kostengünstige Lösung ausgearbeitet. Die Versendung von Italien nach Deutschland wird zukünftig per Bahn erfolgen und erst die Feindistribution findet dann per LKW statt.

Schließlich musste auch der Auftragsabwicklungsprozess an die neue Struktur angepasst werden. Hierbei war ein entscheidender Erfolgsfaktor, dass klare Regelungen zwischen den Landesgesellschaften getroffen wurden. Bewährt haben sich hier bilaterale Liefervereinbarungen zwischen Vertrieb und den einzelnen Produktionsstätten. Diese Vereinbarungen wurden gemeinsam ausgehandelt und schriftlich fixiert.

Die konsequente Einhaltung des Masterplans – fünf Bedingungen für den Erfolg

1. Nicht ohne Masterplan

Die Erstellung eines Masterplans, in dem alle Maßnahmen aufgenommen und beschrieben wurden, hat sich bewährt. Besondere Bedeutung kommt hierbei dem vorgelagerten Abstimmungsprozess zu. Sind die Maßnahmen mit allen Verantwortlichen in zeitlicher und sachlicher Hinsicht abgestimmt, kommt es bei der späteren Umsetzung nicht mehr zu Grundsatzdiskussionen, und Verzögerungen können somit vermieden werden. Ein wesentlicher Erfolgsfaktor war auch die permanente Kontrolle und Verfolgung des Masterplans – insbesondere die regelmäßige und konsequente Überprüfung der kritischen Bereiche – durch eine Person.

2. Der Kunde darf nicht unter der Transferphase leiden

Besonderes Augenmerk sollte während der gesamten Maschinentransferphase auf der Überprüfung und Sicherstellung der Lieferfähigkeit liegen. Kommt es hier zu Problemen, können Kunden verloren gehen, und der Erfolg des gesamten Konzepts ist gefährdet. Hierin liegt eine der größten Gefahren des Netzwerkredesign. Bei Leoni wurde hier ausreichend vorgebeugt, indem im Vorfeld sehr viel Arbeit in die Planung der Übergangsphase mit Abschätzung der kritischen Bereiche gesteckt wurde. Lageraufbau war in diesem Fall nicht nötig, da Kapazitätspuffer zur Verfügung standen. Zwischen Produktion und Vertrieb muss – insbesondere in der kritischen Phase der Umsetzung – permanente und gut funktionierende Kommunikation stattfinden.

3. Professionelles Projektcontrolling sicherstellen

Um das tatsächliche Erreichen der errechneten Potentiale bzw. Kosteneinsparungen für alle deutlich werden zu lassen, ist ein konsequentes und professionell durchgeführtes Projektcontrolling erforderlich. Im Fall von Leoni wurde – analog zum ursprünglichen Simulationsmodell zur Berechnung der Szenarien – ein Implementierungstool erstellt. Dieses Modell wurde maßgeblich vom Controlling aufgebaut und gepflegt. Wichtig war, es einfach und transparent zu gestalten, damit alle betroffenen Mitarbeiter die erzielten Erfolge nachvollziehen können.

4. „Project News" – eine Mitarbeiterzeitung informiert

Sogenannte Project News, d. h. eine eigens für das Projekt gemachte Mitarbeiterzeitung, hat sich als Medium zur Kommunikation des Projektfortschritts bewährt. Diese Projektzeitung wurde monatlich erstellt und an alle Verantwortlichen der Implementierung verteilt. In Project News wurden sowohl über das Erreichen von Meilensteinen als auch über Probleme und Verzögerungen berichtet. Zusätzlich zur Zeitung wurde das Topmanagement durch regelmäßige Memos informiert.

5. Die Kommunikation muss funktionieren

Ein weiteres entscheidendes Kriterium – vielleicht sogar das entscheidende – für eine erfolgreiche Umstrukturierung ist die Kommunikation zwischen den Verantwortlichen. Dies gilt sowohl in der Phase, in der der Implementierungsplan erarbeitet wird, als auch in der eigentlichen Umsetzungsphase. Zu diesem Zweck wurden bei Leoni eine Vielzahl von bilateralen Gesprächen organisiert, in denen die Details besprochen und abgestimmt wurden. Auch das Topmanagement sollte kontinuierlich informiert werden, um gegebenenfalls eingreifen zu können. Hierzu wurden bei Leoni regelmäßig Meetings auf Topmanagement-Ebene durchgeführt, in denen der Status des Netzwerkredesign und kritische Punkte präsentiert und diskutiert wurden.

2.2.4 Zusammenfassung der Ergebnisse

- Die Empfehlung zur Restrukturierung des Produktionsnetzwerks wird vollständig umgesetzt. Teile des Masterplans stehen in 2000 noch aus.
- Die prognostizierten jährlichen Einsparungen können vollständig erreicht werden und haben sich als sehr realistisch erwiesen.
- Die prognostizierten Einmalausgaben werden nicht überschritten werden. Die Umsetzung liegt auch hier voll im Plan.
- Nach einer ersten Reviewrunde zur Überprüfung des Implementierungsfortschritts konnte einhellig festgestellt werden: „Der Zeitplan wird sehr gut eingehalten und die Ergebnisse des Projekts werden von den Mitarbeitern als sehr positiv bewertet."
- Von den Mitarbeitern wurde darüber hinaus bestätigt, dass sich als Nebeneffekt des Projekts - durch zahlreiche bilaterale Gespräche und Workshops - die Kommunikation zwischen den Standorten und zwischen Vertrieb und Produktion wesentlich verbessert hat.

2.3 Neuausrichtung eines europäischen Produktionsverbunds am Beispiel der Isola AG

MICHAEL KOWALSKI – ISOLA AG, DÜREN
ROLAND SCHEFFLER – ARTHUR D. LITTLE INTERNATIONAL, INC., MÜNCHEN

Eine prognostizierte Verdoppelung des europäischen Absatzvolumens innerhalb der kommenden vier bis fünf Jahre und die damit notwendig gewordenen erheblichen Investitionsentscheidungen in den einzelnen europäischen Ländern führten die Isola AG in Düren im Jahre 1997 zu dem strategisch wichtigen Projekt „Netzwerkredesign".

Das Unternehmen Isola AG ist führender Hersteller von duroplastischen Kunststoffen, vornehmlich für die Elektronik und Elektrotechnik. Die Gesellschaft, ein Unternehmen des Rütgers-Konzerns, repräsentierte zu dieser Zeit mit ihren rund 2 300 Mitarbeitern und den Standorten in Deutschland, England, Schottland, Italien, Belgien, Frankreich, in der Schweiz, den Vereinigten Staaten und in Asien einen Jahresumsatz von über 780 Millionen Mark.

Seit 1999 hat die Isola AG durch die Akquisition des Elektrolaminatgeschäfts des amerikanischen Mischkonzerns AlliedSignal Inc. und den damit verbundenen Standorten in den USA und in Asien den Umsatz mehr als verdoppelt und ist zum Weltmarktführer geworden.

Die Isola AG ist heute in vier Geschäftszweigen tätig: Neben der Produktion von technischen Schichtpressstoffen, Formteilen aus Duroplasten sowie Hochleistungsverbundstoffen entfällt der überwiegende Anteil des Umsatzes auf den Sektor Basismaterialien zur Herstellung von Leiterplatten.

Zunächst wurde die Isola AG durch den Aufbau eigener und die Akquisition anderer Gesellschaften in ihrem Hauptgeschäftszweig ein multinationales Unternehmen und war in Europa schon seit längerem die Nummer eins. Infolge der Fusion mit der italienischen MAS zu Beginn der neunziger Jahre hatte man die Stärken des italienischen Unternehmens, nämlich dessen internationale Orientierung, mit der führenden Technologiekompetenz der Isola AG zusammengeführt.

In den kommenden Jahren rechnet die Isola AG mit großen Nachfragesteigerungen und der Einführung neuer Technologien. Entscheidungen darüber, an welchem Standort die damit verbundenen erheblichen Erweiterungsinvestitionen getätigt werden sollen, sind grundlegende Weichenstellungen für die Zukunft. Die Neuausrichtung des europäischen Produktionsverbunds im Hauptgeschäftszweig Basismaterialien wird der Isola AG ermöglichen, weiterhin ihre hervorgehobene Marktstellung in Europa und auf dem Weltmarkt zu behaupten.

Zielsetzung des Projekts war, für die europäischen Standorte der Isola AG ein Rahmenkonzept und einen Investitionsplan zu erarbeiten, der die sich abzeichnenden technologischen Veränderungen integriert und zu einer Strukturempfehlung für die Zukunft kommt. Dabei stand die Optimierung von Investitions-, Produktions- und Logistikkosten im Vordergrund.

Typisch für ein sehr schnell gewachsenes und durch Akquisitionen entstandenes Netzwerk sind die relativ selbständig operierenden Werke, die alle über eine eigene Produktionsplanung, eigene Lager, einen eigenen Versand und ein weitgehend exklusives Absatzgebiet verfügen. Ebenfalls typisch sind die sehr unterschiedlichen Arbeitsweisen in den einzelnen Ländern, d. h. die unterschiedlichen Produktionsphilosophien, Planungsverfahren und unterschiedlichen Ansichten über die Erfüllung von Kundenanforderungen. Dies führte dazu, dass die Vorteile einer länderübergreifenden Organisation, wie z. B. die Möglichkeit, international Produktionsengpässe auszugleichen oder durch gegenseitigen Informationsaustausch voneinander zu lernen, bei Isola in der Vergangenheit nur begrenzt genutzt wurden.

Da eine Empfehlung immer nur aus einer Zeitpunktbetrachtung heraus ein Optimum darstellen kann, war es ein weiteres Ziel, Auswirkungen zukünftiger Veränderungen (beispielsweise in der Absatzstruktur) schnell und optimal auf die Produktionsstruktur zu übertragen. Anhand eines Modells sollten durch Verknüpfung der wichtigsten Daten aus Markt, Fertigung und Technologie unterschiedliche Standortstrukturen simuliert und die relevanten Kosten- und Investitionsgrößen ermittelt werden. Neben diesen Simulationsmöglichkeiten bietet das Modell die Möglichkeit, die Informationen, auf denen Entscheidungen aufbauen, für alle verständlich und nachvollziehbar zu machen.

Das Projekt wurde in fünf Phasen unterteilt: Nach einer Analyse der Ist-Situation konnten im zweiten Schritt Strukturalternativen entwickelt und bewertet werden. Die Ergebnisse wurden einer Sensitivitätsanalyse unterzogen, um Aussagen bei veränderten Eingangsgrößen zu stabilisieren. Die endgültige Empfehlung wurde in der letzten Phase mit einem Implementierungsplan hinterlegt. In allen Abschnitten wurden in dem Projektteam Mitarbeiter aller europäischen Standorte beteiligt, um die länderspezifischen Sichtweisen ausreichend zu berücksichtigen.

2.3.1 Analyse

Absatzszenarien – Realistische Szenarien durch Markt-, Produkt- und Konkurrenzanalysen

Der erste Bestandteil der Analysephase war die Definition von Absatzszenarien, d. h. die Mengenentwicklung für die relevanten Produktgruppen je europäischem Absatzgebiet.

Im Rahmen von Arbeitsgruppen, in denen die Vertriebsleiter der Verkaufsgebiete vertreten waren, wurden die Absatzzahlen solange diskutiert, bis jeder der Verantwortlichen die Ergebnisse akzeptierte, und sie schließlich als Basis der weiteren Projektarbeit verabschiedet wurden.

„Wie sollen wir denn wissen, wie sich der Markt in den nächsten fünf Jahren entwickelt, wenn wir nicht einmal wissen, wie es in fünf Monaten aussieht", war eine der meistgestellten Fragen der Vertriebsmitarbeiter. Der Schwierigkeit, derartige Prognosen zu treffen, begegneten wir, indem wir für jede Produktgruppe und jeden Markt (dargestellt in Abbildung 2.3.1 – 1) zusätzlich zu dem wahrscheinlichsten Fall zwei Szenarien bildeten: ein optimistisches und ein pessimistisches Szenario.

Die starke Nachfragesteigerung in den nächsten Jahren macht einen Ausbau der Kapazitäten erforderlich:

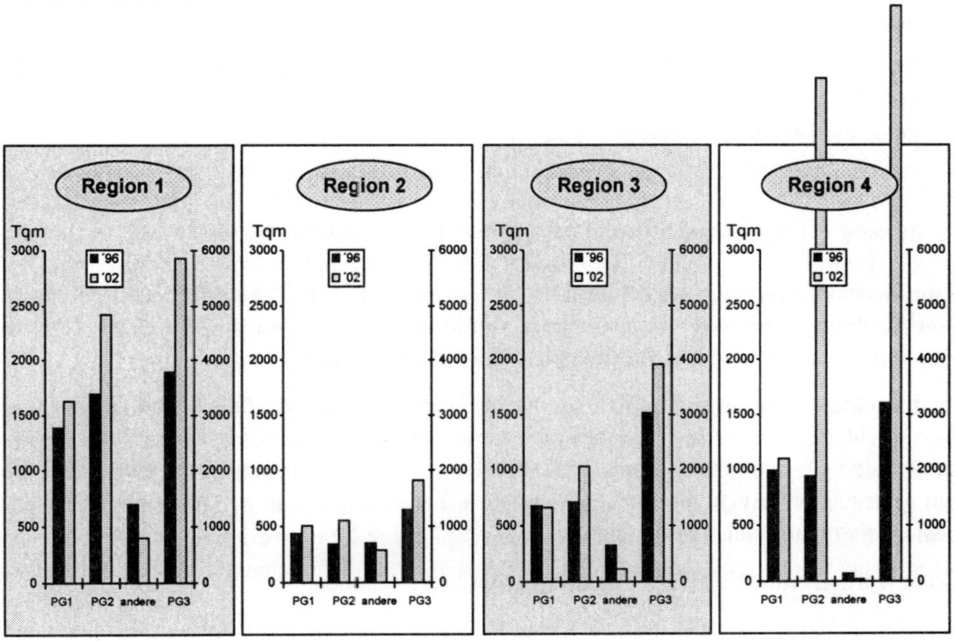

Abbildung 2.3.1 – 1: Absatzszenarien

Ausgangspunkt für die Ermittlung der Absatzentwicklung war der bereits vorliegende Businessplan für die nächsten fünf Jahre, der mit Hilfe von Markt- und Konkurrenzanalysen noch an einigen Stellen modifiziert wurde. Änderungen wurden in beide Richtungen vorgenommen: Zu hohe Erwartungen, vor allem bei wenig zukunftsträchtigen Produkten, wurden reduziert, da bei ihnen von einer Substitution durch andere Produkte ausgegangen werden konnte. Zu niedrig waren die Prognosen bei Produkten, die – laut verlässlicher Marktstudien – einem erheblichen Marktwachstum unterliegen und bei denen noch eine zusätzliche Marktanteilssteigerung zu erwarten war.

Die Berücksichtigung folgender Aspekte sicherte möglichst realistische Absatzszenarien:

- Marktverschiebungen innerhalb des Produktportfolios: Es zeichnete sich der Trend ab, dass die Kunden zunehmend höherwertige Produkte einsetzen.
- Einfluss des Wettbewerbs und der Marktpreise auf den eigenen Marktanteil in den jeweiligen europäischen Absatzgebieten.
- Strategische Fragestellungen: Produkte mit niedrigen Deckungsbeiträgen sollen mittelfristig nicht mehr angeboten werden, bzw. Produktionskapazitäten dafür werden nicht mehr erweitert.
- Einbezug von Absatzszenarien von Großkunden: Durch die Verwendung von Forecast-Zahlen von Großabnehmern und den Einbezug langfristiger Verträge sind genauere Mengenschätzungen möglich.

Ist-Struktur – Die Vereinheitlichung der Daten aller europäischen Werke

Eine Bestandsaufnahme der Ist-Struktur ist Grundlage für die Herleitung und Bewertung von Strukturalternativen. Immer wieder wurde das Projektteam mit der Aussage konfrontiert: „In unserem Land/Produktionsbetrieb ist alles anders!"

Und tatsächlich sah es anfänglich so aus, als wären Länder wie Italien und Großbritannien nicht zu vergleichen, da beispielsweise unterschiedliche Maschinen mit unterschiedlichen Produkten und unterschiedlichen Leistungsdaten eingesetzt wurden. Doch um später Alternativen vergleichen zu können, konnte nur mit einer einheitlichen Datenbasis weitergearbeitet werden (siehe Abbildung 2.3.1 – 2).

Dazu wurden einheitlich folgende drei Datenblöcke erhoben:

- Mengendaten: Welche Input-/Output-Relationen bestehen zwischen den einzelnen Wertschöpfungsstufen? Welche Mengen werden von welchem Werk in welches Absatzgebiet geliefert?
- Kapazitätsdaten: Welche Anlagen haben welche Kapazitäten? Welche Rolle spielen unterschiedliche Schichtsysteme? Welche Leistungskennzahlen sind mit Neuinvestitionen verbunden?
- Kostendaten: Welche fixen und variablen Kosten ergeben sich je Wertschöpfungsstufe? Welche Kosten sind mit Neuinvestitionen verbunden?

Als Ergebnis der Analysephase stand ein valides, fundiertes Datengerüst als Basis für Entwurf und Berechnung von möglichen alternativen Produktionsstrukturen zur Verfügung. Durch den Aufbau eines einfachen Modells, das die wichtigsten Größen verknüpft, konnten unterschiedliche Standortstrukturen simuliert werden.

Bei der Analyse der fünf europäischen Werke wurden die wesentlichen Datenblöcke vereinheitlicht und zusammengefasst:

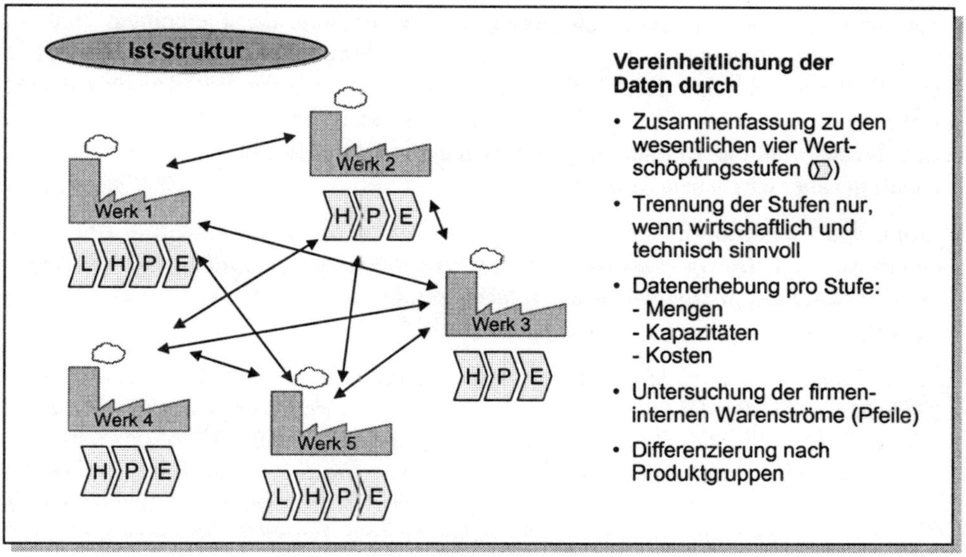

Abbildung 2.3.1 – 2: Ist-Struktur

Wesentlich für die Erfolge bei Erhebung der Daten war die Arbeit vor Ort. Erst hier ergab sich ein genauer Aufschluss über die jeweilige Situation. An manchen Standorten kam es darauf an, aus der Vielzahl der Informationen die richtigen herauszufiltern. An anderen wiederum wurden wichtige Kennzahlen nur nach längeren Abstimmungsprozessen herausgegeben. Positiver Effekt war, dass durch das Projekt ein reger Informationsfluss zwischen den einzelnen Länderverantwortlichen initiiert wurde, in dem auch erste kurzfristige Verbesserungspotentiale ermittelt wurden. Ein typisches Beispiel:

> *Anhand der auf der Ist-Struktur aufbauenden Benchmarkingkennzahlen der verschiedenen europäischen Produktionsstätten war aufgefallen, dass für das gleiche Produkt Anlagen mit unterschiedlichen Produktionsgeschwindigkeiten betrieben werden. Eine Anpassung an die höhere Geschwindigkeit konnte in manchen Ländern ohne qualitative Abstriche und ohne Mehraufwand durchgeführt werden und führte zu erheblichen Einsparungen bei den Neuinvestitionen!*

Technologische Trends – Optimaler Automatisierungsgrad

In diesem Analyseschritt wurden die technologischen Trends definiert, die für die Isola AG das Produzieren von Basismaterialien in Zukunft erheblich beeinflussen würden.

Diese sollten qualitativ und quantitativ bewertet und als Grundlage für den Investitionsplan gelten.

Die Schwierigkeit lag darin, eine Vielzahl von möglichen Veränderungen in der Produktionstechnologie, bei den Marktanforderungen, auf der Seite der Lieferanten und bei externen Rahmenbedingungen (z. B. gesteigerte Umweltanforderungen) auf deren Wesentlichkeit zu beschränken. Schließlich konzentrierte sich das Projektteam auf vier entscheidende technologische Trends, die abschließend bewertet wurden. Einer der neuen Trends war die Einführung einer neuen Produktionstechnologie, die hier beispielhaft genauer dargestellt wird:

Kauf und Einführung einer neuen Maschine standen zur Diskussion. Sie sollten zu einer Automatisierung eines wesentlichen Produktionsschritts führen. Vorteile lagen in der Zusammenfassung von drei Produktionsschritten und der Einsparung von Personalkosten.

Das Team berechnete die Einsparungspotentiale (im wesentlichen beim Faktor Arbeit) und die Produktionsvolumina. Im Ergebnis wurde festgestellt, dass sich zwar die variablen Kosten erheblich reduzieren ließen, dafür aber ein hohes Risiko der Unterauslastung und eine beträchtlich geringere Flexibilität in Kauf genommen werden müssten. Zudem hätten – um eine wirtschaftlich sinnvolle Auslastung zu erreichen – sämtliche in Frage kommenden Mengen innerhalb Europas auf einen Standort konzentriert werden müssen. Das wäre aus logistischer Sicht, d. h. verbunden mit der Erreichung von geforderten Servicegraden, unmöglich gewesen.

Das Team stieß jedoch auf eine andere Möglichkeit der Einsparung: Die Automatisierung nur eines der drei Produktionsschritte könnte 75 % des Einsparpotentials der ursprünglich betrachteten Automatisierung erreichen und dies zu nur 30 % der Kosten! Zudem blieb die volle Flexibilität gewährleistet!

2.3.2 Strukturalternativen

Das auf der Analysephase aufbauende Konzept stellte die zukünftige Struktur in Form von Alternativen dar, die dann jeweils einer Bewertung unterzogen wurden. Ausgangspunkt war die Hypothese, dass die Isola AG durch eine veränderte Produktionsstruktur zu einem Optimum bezüglich Investitionen und laufenden Kosten kommen könne. Eine optimale Marktversorgung war dabei als Rahmenbedingung zu sehen.

Wie könnte eine solche Struktur aussehen, welche Rolle würden die heutigen Standorte übernehmen, welche Investitionen und laufende Kosten würden anfallen?

Als mögliche Unterscheidungsmerkmale der Alternativen galten:

- Unterschiedliche Produktgruppen an unterschiedlichen europäischen Standorten (somit z. T. Konzentration einer Produktgruppe an einem Standort),

- Aufteilung der Wertschöpfungsstufen auf verschiedene Werke (d. h. beispielsweise erfolgt die Endbearbeitung nicht im selben Werk wie das Pressen),
- Variation bei der Zuteilung von Absatzgebieten zu Werken und
- Neuaufbau bzw. Schließung von Standorten.

Ziel bei der Entwicklung von künftigen Strukturalternativen war, anhand eines Entscheidungsbaums die letztlich zu bewertenden Alternativen ableiten zu können. Wegweisend waren die Sitzungen des Entscheidungsausschusses, in denen konsequent beschlossen wurde, bestimmte Basisalternativen und nachfolgend bestimmte Subalternativen auszuschließen. Dies grenzte die hohe Komplexität ein und bot die Möglichkeit, sich auf die wenigen realistischen Szenarien zu konzentrieren, ohne interessante Alternativen zu früh zu verabschieden. Hilfreich waren dabei auch die getroffenen Vereinfachungen: So wurden z. T. Produktionsstufen zusammengefasst, die aus wirtschaftlicher Sicht nicht getrennt, d. h. nur am selben Standort durchlaufen werden können.

2.3.3 Bewertung der Alternativen

In diesem Schritt wurde eine begrenzte Anzahl von Strukturalternativen quantitativ und qualitativ beurteilt, um ein optimales Ergebnis abzuleiten. Die Bewertung sollte objektiv nachvollziehbar sein. Bei den quantitativen Bewertungen stand die Diskontierung zukünftiger Zahlungsströme im Vordergrund. Qualitativ wurden Faktoren wie Servicegrad, Qualitätsanforderungen und Risiko der jeweiligen Alternative evaluiert. Die Bewertung der Alternativen erfolgte mit einer Net Present Value (NPV)-Berechnung, bei der zukünftige Zahlungsströme abgebildet und diskontiert wurden. Aus Vereinfachungsgründen wurde nur die Kostenseite betrachtet, da Umsätze als gegeben angesehen wurden (Variation der Umsätze nur im Rahmen der später erfolgten Sensitivitätsanalyse).

Drei wesentliche Erkenntnisse ergaben sich aus der Bewertung der Alternativen:

1. Alternativen mit starker Zentralisierung hatten zwar geringere laufende Kosten, aber insgesamt erwiesen sie sich durch hohe Investitionen als erheblich teurer als jene, in denen auf bereits bestehende Kapazitäten aufgebaut wurde. In vergleichbaren Projekten (auch bei Unternehmensfusionen und -akquisitionen) ist die Zusammenfassung von Funktionen auf einen oder wenige Standorte im Normalfall ein wesentlicher Hebel der Einsparungen, wenn nicht gar das wesentliche Einsparpotential.

   Bei der Isola AG war die Situation anders: Zum einen standen langfristigen Einsparungen durch Kostendegressionseffekte, d. h. durch Bündelung von hohen Mengen auf wenige oder einen europäischen Standort, erhebliche Investitionsvolumina entgegen.

   Zum anderen war – wenn man dieses Investitionsvolumen nicht ins Unermessliche steigen lassen wollte – Deutschland als einziger Standort für eine Zentralisierung denkbar. Hierbei wogen aber die hohen Lohnkosten die Einsparungen wieder auf.

2. Eine unveränderte Zuordnung von Produkten schnitt mit einem deutlich schlechteren NPV ab als die meisten anderen Alternativen, d. h. eine Veränderung der gegenwärtigen Produkt- und Werkzuordnungen stellte sich in den meisten Alternativen als wirtschaftlich sinnvoll heraus.

3. Kosten für logistische Leistungen wie Lagerung und Transport fielen im Vergleich zu den Produktionskosten nur nachrangig ins Gewicht, sodass Entfernungen innerhalb von Europa nicht unter Kostengesichtspunkten, sondern nur unter dem Aspekt Lieferzeiten wesentlich waren.

2.3.4 Absicherung der Ergebnisse in der Sensitivitätsanalyse

Zu klären war noch die Frage: „Ist die finanziell günstigste Alternative wirklich unter allen Umständen die Beste?", denn die Berechnung der finanziellen Auswirkungen von Optionen hing vordergründig mit den zugrunde liegenden Annahmen zusammen, die auf Abschätzungen für zukünftige Entwicklungen basierten. Um die Auswirkungen von unterschiedlichen Entwicklungen zu bewerten, wurde eine Sensitivitätsanalyse durchgeführt, bei der wesentliche Parameter unterschiedlich gesetzt wurden. Mit Hilfe des bei der Analyse der Ist-Struktur aufgebauten Modells wird die Wirkung von Schwankungen einzelner Eingangsgrößen auf die Ergebnisse abgeschätzt. Beispielsweise wurden folgende Parameter variiert:

- *Kosten*: Erhöhung der Investitionen um 20 %; Veränderung der laufenden Kosten an einzelnen Standorten
- *Absatzmengen*: Einsatz von optimistischen und pessimistischen Szenarien je europäischem Absatzgebiet; Veränderung des nachgefragten Produktportfolios
- *Währungskurse*: Veränderung der wesentlichen Währungskurse und damit der jeweiligen Produktionskosten
- *NPV-Berechnung*: Erhöhung des Zinssatzes auf bis zu 20 %; Berechnung einer „ewigen Rente"

So konnte beispielsweise bei einem Vergleich zweier Alternativen festgestellt werden, dass sich der Erhalt eines Standorts nur rechnen würde, wenn die dortigen laufenden Kosten um 13 % gesenkt würden.

Mit den durchgeführten Szenarien wurde ein wesentliches Ziel erreicht: Das Finden einer klaren und verlässlichen Lösung, die auch bei größeren Veränderungen der wichtigsten Parameter die Beste bleiben würde und die von allen Beteiligten getragen werden könnte.

2.3.5 Empfehlungen

Das Projekt schloss mit dem Aufzeigen von kurzfristigen Verbesserungspotentialen, einer Empfehlung über die zukünftige Produktionsstruktur und der Erstellung eines Implementierungsplans ab.

Insgesamt erarbeitete das Projektteam kurzfristige Verbesserungspotentiale, die die in den folgenden fünf Jahren notwendigen Investitionen um ca. 15 % reduzierten. Außerdem konnten die laufenden Kosten um eine Million Mark jährlich gesenkt werden.

Als Empfehlung für die neue Produktionsstruktur wurde dem Entscheidungsausschuss der Isola AG von den genauer betrachteten Optionen letztendlich eine Alternative als die optimale vorgestellt.

- Die optimale Alternative bietet einen deutlichen NPV-Vorteil gegenüber der Ist-Struktur.
- Die Ansiedlung von neuen Produktionskapazitäten erfolgt hauptsächlich an einem Standort. Zudem werden Erweiterungsinvestitionen an zwei weiteren Standorten getätigt.
- „Spezialitäten", d. h. Produkte mit geringer Nachfrage, werden auf einen Standort konzentriert.
- Die Alternative führt zur Schließung eines Standorts. Eine Beibehaltung des Standorts würde erhebliche Investitionsvolumina und -risiken bergen, da mehrere Produkte neu in das Produktionsprogramm dieses Standorts aufgenommen werden müssten, um eine Vollauslastung der Kapazitäten zu erreichen. Außerdem arbeitete man dort noch mit veralteten Produktionsanlagen und überholter Produktionslogistik.
- Die Gefahr, durch die Standortschließung im betreffenden Vertriebsgebiet Marktanteile zu verlieren, wurde als nachrangig eingeschätzt, da der Marktanteil ohnehin gering und eine Versorgung von einem benachbarten Werk ohne wesentlichen logistischen Mehraufwand möglich war.
- Alle Ergebnisse wurden durch Sensitivitätsanalysen gestützt.

Zusätzlich wurde die Empfehlung ausgesprochen, die innerbetrieblichen Lieferungen auf ein Minimum zu begrenzen, weil sie einen erheblichen Mehraufwand bedeuten. Nachfrageschwankungen können durch erhöhte Flexibilität der Werke aufgefangen werden.

Abgeschlossen wurde das Projekt mit einem Plan für die Übergangsphase von der Ist- zur Sollstruktur, der detailliert beschrieb, wie die Neugestaltung der Produktionsstruktur Schritt für Schritt vollzogen werden kann, wann die jeweiligen Investitionen mit ihrem zum Teil erheblichen Vorlauf eingesteuert werden und welche Mengen in Zukunft wann und von welchem Werk geliefert werden.

3. Internationales Supply Chain Management

WOLFRAM SCHOLL – ARTHUR D. LITTLE INTERNATIONAL, INC., MÜNCHEN

„Die Ausrichtung der gesamten Supply Chain auf Lieferservice und Effizienz ist die Grundvoraussetzung für Erfolg im globalen Wettbewerb"

Wenn Sie als Kunde sich zum Kauf entschlossen haben, greifen Sie bei Ihrem Lieferanten damit auf eine Kette von Aktivitäten zu, die allein dazu dienen, diesen Wunsch zu erfüllen. Dies trifft für einen Konsumartikel genauso zu, wie für ein technisches Bauteil oder eine Investition in ein komplexes System. Diese „Supply Chain" ist ein Geflecht aus physischen Abläufen und den begleitenden und steuernden Informationsflüssen.

Innerhalb der Supply Chain unterscheidet man Prozesse, die direkt mit dem Auftrag verknüpft sind, wie Auftragsannahme, Auftragsproduktion, Auslagern, Versand, Transport, Rechnungsstellung und solche, die unabhängig von einem konkreten Auftrag ablaufen, wie Planung, Wiederbevorratung, Basisdatenbereitstellung.

Was also bedeutet Supply Chain Management?

Sie als Kunde nehmen hauptsächlich die Leistungsfähigkeit hinsichtlich der Lieferzeit, der Lieferzuverlässigkeit und der Flexibilität, mit der auf Ihren Wunsch eingegangen wird, wahr. Für den Lieferanten bestimmt die Ausgestaltung der Supply Chain aber vor allem, zu welchen Kosten er diese Leistungsfähigkeit bereitstellt. Wie soll die Auftragsabwicklung ablaufen, wie spielen Planung, Beschaffung, Produktion, Lagerbestand und Belieferungslogistik zusammen?

Die Herausforderung für erfolgreiche Supply Chains besteht darin, genau diese beiden Interessen – Service und Kosten – so gegeneinander auszubalancieren, dass es am Ende zwei Gewinner gibt: den zufriedenen Kunden und den Lieferanten, der auf seine Kosten gekommen ist. Dieses Service-Kosten-Management wird noch deutlicher zum Erfolgskriterium, seitdem immer weniger von den klassischen Entscheidungsmerkmalen Qualität und Preis abhängt, ob der Kunde zufrieden ist oder inwiefern man sich auf den internationalen Märkten vom Wettbewerber unterscheiden kann. Wie Klaus Zumwinkel, Vorstandsvorsitzender der Deutschen Post, es sagt: „Die verlangten Dienstleistungen gehen heute weit über das hinaus, womit sich Kunden in der Vergangenheit zufrieden gegeben haben."

Natürlich geht es im Supply Chain Management um Kostenoptimierung, um perfekten Transport- und Materialfluss, darum, dass Beschaffungs-, Produktions- und Distributionslogistik eng verzahnt ineinander greifen, unterstützt durch effiziente IT-Netzwerke.

Es geht darum, beispielsweise vollen Lieferservice bei erträglichen Lagerbeständen zu gewährleisten, „time definite" Dienste anbieten zu können, schwer diagnostizierbare Wachstumsraten logistisch zu managen, entsprechende Partner zu haben oder Bereiche ausgliedern zu können ...

Modernes Supply Chain Management leistet aber eben nicht „nur" einen Beitrag zu wettbewerbsfähigen Qualitätsstandards und Preisen, sondern schafft durch Service (und zwar gleichermaßen intern wie gegenüber dem Kunden) einen eigenen Wettbewerbsvorteil. Einen besonderen Stellenwert haben diejenigen Funktionen, die unmittelbar an der Schnittstelle zum Kunden liegen. Das geht soweit, dass dem Kunden sogenannte Mehrwertdienste angeboten werden können, was wiederum dessen Geschäftsprozesse optimiert, beispielsweise Qualitätskontrolle, individuelles Co- und Re-packing, Display Assembling etc.

Zu all diesen Herausforderungen kommen durch die europäische oder gar globale Dimension der Unternehmen weitere Komponenten hinzu:

- Wo sind die Kompetenzen angesiedelt, einen Auftrag zu betreuen?
- Welche Abstufungen im Supply Chain Management sind durch die Unterschiede der Produkte und der Auftragstypen notwendig?
- Wie werden länderspezifische Anforderungen in ein internationales Supply Chain Management integriert, ohne den übergreifenden durchgängigen Prozess zu gefährden?
- Wie werden rechtliche Rahmenbedingungen und spezielle Gepflogenheiten eines Landes in ein Supply-Chain-Management-Konzept eingebunden?
- Wie werden internationale Bedarfe in einem einheitlichen Planungsprozess abgebildet?

Welche dieser kurz skizzierten Fragestellungen und Herausforderungen ein Unternehmen auch angehen wird – in den folgenden Fallbeispielen werden Konzepte für die verschiedensten Ausgangssituationen aufgezeigt –, in der Praxis haben sich unabhängig von individuellen Ausprägungen der Supply Chain sieben mehr oder weniger allgemein gültige Erfolgsprinzipien herausgebildet:

1. Supply Chain Management wird vom Kundenbedürfnis getrieben

Jede Beschäftigung mit Supply Chain Management muss sich darauf konzentrieren, die derzeitigen oder zukünftig zu erwartenden Kundenbedürfnisse abdecken zu können. Andere Kriterien wie Kostensenkung, Personalabbau, Organisationsveränderungen etc. stehen in zweiter Reihe hinter der Frage: „Dient es der Erfüllung der Kundenwünsche?"

2. Supply Chain Management betrachtet stets die gesamte Kette

Die Leistungsfähigkeit der Supply Chain zeigt sich im Ergebnis der Gesamtkette, nicht in dem der Einzelschritte der Kette. Inselartige Optimierungen innerhalb der Supply Chain ohne Einbindung in das Gesamtgefüge erschweren oft die Gesamtabläufe.

3. Ein Auftrag in der Supply Chain wird in einer Verantwortung abgewickelt

Ein „Auftragsmanager" vertritt den Kunden bzw. seinen Auftrag unternehmensintern und zieht ihn durch die Logistikkette. Dabei bedient er sich aller zuarbeitenden Teilbereiche innerhalb der Kette und steuert die vereinbarungsgerechte Auftragserfüllung. Je nach Auftragsart kann dieses Prinzip ausgestaltet werden in der Bandbreite vom echten Projektmanagement bis hin zum Abwicklungszentrum.

4. Information zur Supply Chain ist für alle zugänglich und nachvollziehbar

Zum Steuern einer durchgängigen Supply Chain muss relevante Information für alle Beteiligten zugänglich sein, vor allem aber muss das Verständnis vom Inhalt der Information dasselbe sein. Dies bedeutet: offene EDV-Systeme für Monitoring und Leistungsmessung, klar definierte und durchgängige Zielkenngrößen („Balanced Scorecard") sowie einheitliche Prozessmeilensteine innerhalb der Kette.

5. Die Partner am Anfang und Ende der Supply Chain sind eingebunden

Supply Chain Management geht über die Kernprozesse der Logistikkette hinaus und erfordert ein offenes Einbeziehen z. B. von Lieferanten, Entwicklungspartnern, Transportdienstleistern, Absatzkanälen und letztlich auch dem Kunden (mithilfe von ECR, EDI, E-Commerce, Category Management).

6. Die Supply Chain arbeitet nachfrageorientiert nach dem „Pull Principle"

Der Markt „zieht" die Aufträge durch die Supply Chain. Erst der Kundenwunsch setzt die Kette in Bewegung. Dabei kann durchaus auch ein Kundenwunsch aus einem guten Forecast abgeleitet werden und Aktivitäten anstoßen. Prinzipiell soll eine kundenspezifische Wertschöpfung aber so nah wie möglich am spezifischen Liefertermin erfolgen.

7. Direkte Beteiligung der Länder an Konzept und Umsetzung

Im internationalen Umfeld zeigte sich als Erfolgsfaktor, die betroffenen Fertigungs- und Absatzländer bereits bei der Konzeption neuer Supply-Chain-Management-Strukturen und später im Rollout aktiv miteinzubinden.

In 3.1 bis 3.3 folgen nun Fallbeispiele (Siemens ICN, F. Hoffmann-LaRoche, SCA Hygiene Paper), die verschiedenste Erfahrungen aus dem Supply Chain Management im internationalen Umfeld vorstellen. Sie schildern wirkungsvolle Supply-Chain-Lösungen für eine Reihe von unterschiedlichen Ausgangssituationen und zeigen, wie schnell sich mit einer perfekt organisierten Supply Chain Erfolge für das ganze Unternehmen einstellen können.

3.1 Siemens Information & Communication Networks (ICN) auf dem Weg zur Weltklasse-Logistik

LUTZ IMHOF – SIEMENS AG, MÜNCHEN
WOLFRAM SCHOLL – ARTHUR D. LITTLE INTERNATIONAL, INC., MÜNCHEN

In fast allen Industrien ist der reine Qualitäts- und Preiswettbewerb längst um eine Komponente erweitert: den Wettlauf mit der Zeit. Rasche und zuverlässige Lieferung ist zu einem Faktor geworden, der im Wettbewerb mit qualitativ und preislich ebenbürtigen Mitbewerbern entscheidend sein kann.

Auch für die Hersteller von Telekom-Anlagen ist diese Entwicklung seit einigen Jahren offensichtlich. In den Märkten treten private Telefonnetzbetreiber auf, die den ehemals staatlichen Monopolisten scharfe Konkurrenz machen. Zusätzlich wirkt die Privatisierung der ehemaligen Staatsunternehmen in dieselbe Richtung. Für diese Unternehmen und ihre hohen Profiterwartungen zählt mehr denn je, wie schnell das eingesetzte Kapital zu Umsätzen mit den Kunden führt. Die Netzbetreiber fordern infolgedessen von ihren Lieferanten enorm kurze Lieferzeiten und sehr flexibles Lieferverhalten.

Vor dieser Herausforderung, die Lieferzeiten und den angebotenen Service den Marktbedürfnissen anzupassen, stand auch die Siemens AG. Als einer der großen weltweiten Anbieter von Kommunikationsanlagen für das Fest- und Mobilnetz, wie Vermittlungseinrichtungen, Übertragungskomponenten oder Basisstationen für den Mobilfunk kann die Siemens-Division „Information & Communication Networks“ (ICN), mit einem Umsatz von rund 24 Milliarden Mark, auf langjährige und gute Zusammenarbeit mit nahezu allen Telefongesellschaften auf dem Weltmarkt zurückblicken. Von mehreren Geschäftgebieten innerhalb ICN ist Wireline Networks (WN CS), das für öffentliche Netze Vermittlungsknoten (Switches) anbietet, das weitaus größte.

Eine weltweite Kundenbefragung ergab, dass die Systeme von WN CS einen sehr guten Ruf genießen, dass aber die Lieferzeiten für komplexere Systemaufträge als zu lang empfunden wurden und nicht den zukünftigen Anforderungen des Marktes entsprachen (siehe Abbildung 3.1 – 1).

Um auf die Forderungen der Kunden zu reagieren, wurde die Zielsetzung für die Neugestaltung der Logistikprozesse, -strukturen und Geschäftsprinzipien mit vier Wochen Lieferzeit für Systemaufträge festgelegt. Diese Leistung sollen WN CS und die anderen Geschäftsgebiete innerhalb ICN auf allen Märkten der Welt anbieten können.

In den wichtigsten Märkten erwarten Kunden bei Systemaufträgen deutlich reduzierte Lieferzeiten:

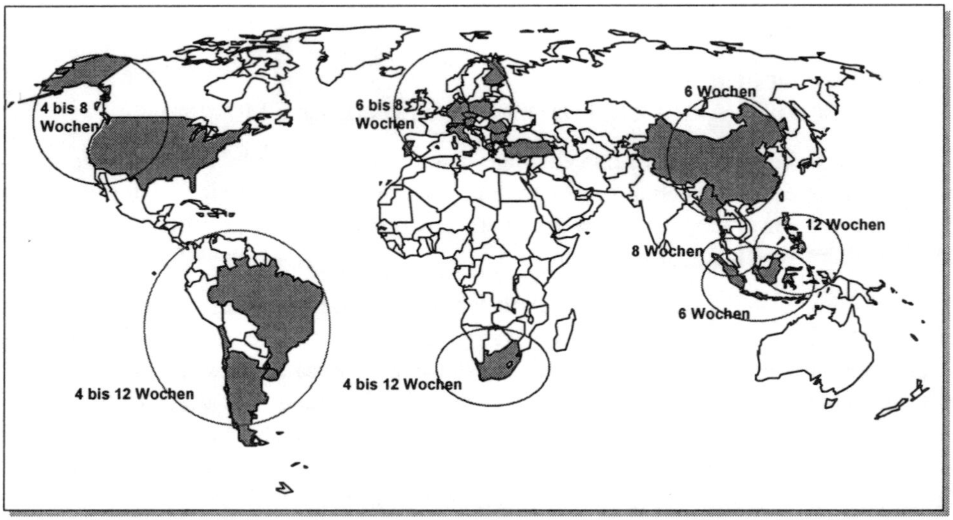

Abbildung 3.1 – 1: *Ergebnisse der Kundenbefragung*

Es war schnell klar, dass solche drastischen Veränderungen nicht mit punktuellen Verbesserungen einzelner Prozessschritte angegangen werden konnten, sondern eine Neuausrichtung der gesamten weltweiten Supply Chain erforderlich war. Neben den verkürzten Lieferzeiten erwartete man im gleichen Zuge eine signifikante Reduzierung der Bestands- und Logistikkosten. Mit dieser Zielsetzung begann das Programm Top+ Logistics, ein Projekt, das die Logistikprozesse bei WN CS und weiteren Geschäftsgebieten innerhalb ICN optimieren sollte.

Die Abwicklungsstrukturen bei WN CS unterscheiden sich regional voneinander, manche Regionalmärkte sind weitgehend selbständig, mit eigenem Vertrieb, Fertigung und Service, einige kooperieren mit lokalen Partnern und wieder andere werden komplett vom Stammhaus in München aus betreut. Die Neuausrichtung der weltweiten Supply Chain sollte all diese Besonderheiten berücksichtigen und in der Ausgestaltung des zukünftigen Logistikkonzepts abbilden.

Die gewählte Vorgehensweise zur Erarbeitung eines neuen Logistikkonzepts basierte daher auf drei konzeptionellen Säulen (siehe Abbildung 3.1 – 2):

Erstens sollte das Logistikkonzept in einem zentralen Projektteam parallel in repräsentativen Pilotländern erarbeitet und anschließend überprüft werden.

Logistikkonzept und Business Case wurden aus den Ergebnissen mehrerer Teams heraus entwickelt:

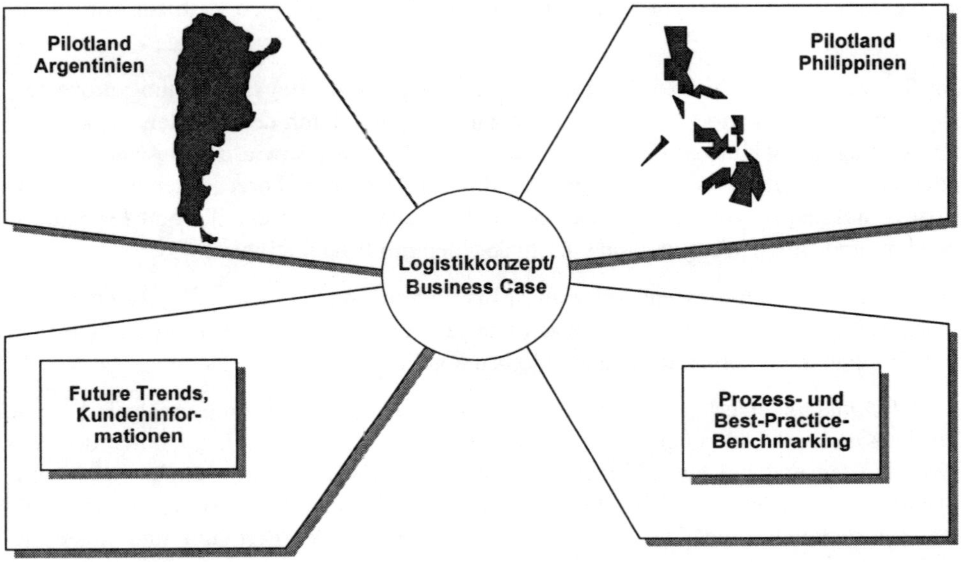

Abbildung 3.1 – 2: Projektorganisation

Zweitens war vorgesehen, Expertenwissen und methodische Kenntnisse sowie externe Benchmarkinginformationen zur Ausgestaltung optimierter Logistikabläufe heranzuziehen.

Drittens sollte parallel zur Neugestaltung der Supply Chain ein Business Case erstellt werden. Mit der daraus abgeleiteten Logistik-Scorecard sollten anhand weniger signifikanter Kenngrößen die Ergebnisse und finanziellen Vorteile der Neuausrichtung für alle Mitarbeiter nachvollziehbar werden.

Diese Vorgehensweise stellte bereits in der konzeptionellen Phase I möglichst viel Praxisbezug bei der Erarbeitung der neuen Abläufe sicher. Die Informationen aus den Landesgesellschaften in Argentinien und auf den Philippinen stellten die Analyse auf eine breite Basis und dienten der Überprüfung der Konzepte. Gleichzeitig wurden bereits in einem frühen Stadium schnell umsetzbare Maßnahmen (Early Wins) auf den Weg gebracht, die spezifisch für die Pilotländer eine erste Verbesserung der Lieferzeiten erreichten und später in das Gesamtkonzept integriert wurden.

In Phase II wurde das neue Logistikmodell über die Early Wins hinaus in ausgewählten Ländern erprobt. Die neuen Abläufe wurden mit den Rückmeldungen aus der praktischen Umsetzung weiter ausgestaltet. Mit Beginn der Phase III fand die Übergabe des validierten Konzepts an die operativen Einheiten von WN CS statt. Die Grundstruktur wurde übernommen, entsprechend der Bedürfnisse des Geschäftsgebiets weiterentwickelt und in der Organisation verankert. Die weltweite Einführung in den Landesgesellschaften wurde entlang einem von WN CS selbst festgelegten Zeitplan vorgenommen.

Ein Schwerpunkt lag hierbei auf der Neugestaltung des Auftragsabwicklungsprozesses, angefangen beim Auftragseingang bis hin zur Abnahme durch den Kunden. Bestandteil des Auftragsabwicklungsprozesses war auch die Fertigung sowie die Beschaffung bei externen Zulieferern. Weiterhin umfasst das Konzept den Forecast- und Planungsprozess, ausgehend von der wertmäßigen Vorausschau bis zur detaillierten Fertigungsmengen- und Beschaffungsplanung in Stückzahlen pro Produkteinheit.

Das Projektteam, zusammengesetzt aus Mitarbeitern von Siemens ICN, Beratern der Siemens-Logistikabteilung und externen Consultants von Arthur D. Little, arbeitete in drei Gruppen mit unterschiedlichen Aufgaben und Standorten:

Zwei *Pilotteams,* eines in Argentinien und eines auf den Philippinen, analysierten vor Ort die Kundenanforderungen und das bestehende Logistiksystem hinsichtlich der Prozesse, Kosten und Leistungsfähigkeit. Argentinien steht stellvertretend für Länder mit lokaler Fertigung und weitgehend eigenständiger Geschäftsverantwortung, die Philippinen repräsentieren Länder mit Belieferung aus einer zentralen Fertigung und enger Anbindung an den Vertrieb im Münchner Stammhaus.

Ein weiteres Ziel der Pilotteams war, neben der Erarbeitung von Ansätzen für die zukünftigen Logistikabläufe, schnell umsetzbare, länderspezifische Maßnahmen zu konzipieren, die unmittelbar umgesetzt werden können. Diese Early Wins führten in den Pilotländern zu raschen Lieferzeitverkürzungen, noch bevor der eigentliche Rollout des Gesamtkonzepts gestartet war. Dies stellte sich als wesentlicher Erfolgsfaktor heraus: Für die Pilotländer entstand sofort ein direkt spürbarer Nutzen und außerdem lieferte die Umsetzung der Sofortmaßnahmen wertvolle Erkenntnisse für die weitere Optimierung des neuen weltweiten Logistikkonzepts.

Parallel zu den argentinischen und philippinischen Pilotteams arbeitete das *Logistics Model Team* (LMT) im Münchner Stammhaus. Hier liefen alle Informationen zusammen, die zur Gestaltung des neuen weltweiten Logistikkonzepts benötigt wurden. Neben den Analysedaten aus den Pilotländern waren dies zunächst die bei Siemens vorhandenen Informationen, vor allem aber auch externe Best-Practice-Benchmarks, die von einer Untergruppe des LMT erarbeitet wurden. Hierzu wurden zu spezifischen Prozessschritten der Supply Chain Unternehmen befragt, die für ihre exzellente Leistungsfähigkeit in diesen spezifischen Bereichen bekannt waren. Der Schwerpunkt des Benchmarking lag dabei weniger im einfachen Vergleich von Kennwerten, als vielmehr darin, auf prozessbezogener Ebene Erfolgsfaktoren herauszufinden. Ein weiteres Subteam innerhalb des LMT erstellte den Business Case, der die Ergebnisse des neuen Logistikkonzepts in ihren finanziellen Auswirkungen sichtbar für alle Beteiligten abbildete.

Als Ergebnis der Analysen und Workshops in den Pilotländern sowie aus den Benchmarkinterviews zeichneten sich bereits wesentliche Ansatzpunkte für die zukünftigen Logistikabläufe ab. Klare Voraussetzungen waren:

- die Bereitstellung fehlerfreier Grunddaten für die gesamte Auftragsabwicklung,
- eine durchgehende Verantwortung bei der Durchführung von Kundenaufträgen,
- ein einheitliches Monitoringinstrument zur Auftragssteuerung mit klaren Meilensteinen,
- die Kooperation mit dem Kunden zur Definition eines klar spezifizierten Auftrags,
- die Einbindung von OEM-Lieferanten und gezieltes Supplier-Management,
- Komplettlieferungen aus einem Konsolidierungspunkt heraus,
- ein vollständiger, verlässlicher Forecast für auftragsanonyme Fertigung und Beschaffung,
- ein verbessertes System zu Dokumentenerstellung, Transport und Verzollung sowie
- das spätestmögliche Customizing der Produkte (Pull Principle).

Ein wichtiges konzeptionelles Gerüst war die Abgrenzung der generischen Prozessschritte im Forecast und der Supply Chain (siehe Abbildung 3.1 – 3) mit klaren Definitionen von Meilensteinen, die Anfang und Ende der Prozessschritte markierten.

Für das Systemgeschäft von WN CS wurden in der Auftragsabwicklung vier wesentliche Abschnitte durch das Meilensteinsystem definiert:

1. **Order Specification**: Vom Auftragseingang bis zur Abgabe der internen Bestellung (Lieferabruf) an die Sourcing Unit (Fabrik, Lager oder Einkauf).
2. **Sourcing**: Vom Eingang des Lieferabrufs bis zur Bereitstellung der fertig verpackten Ware an der Rampe.
3. **Transport and Customs Clearance**: Von der Abholung an der Werksrampe bis zur Anlieferung beim Kunden.
4. **Service**: Vom Beginn der Installation bis hin zur Abnahme durch den Kunden.

Die Struktur des neuen Logistikkonzepts basiert auf klaren Definitionen von Prozessschritten und Meilensteinen:

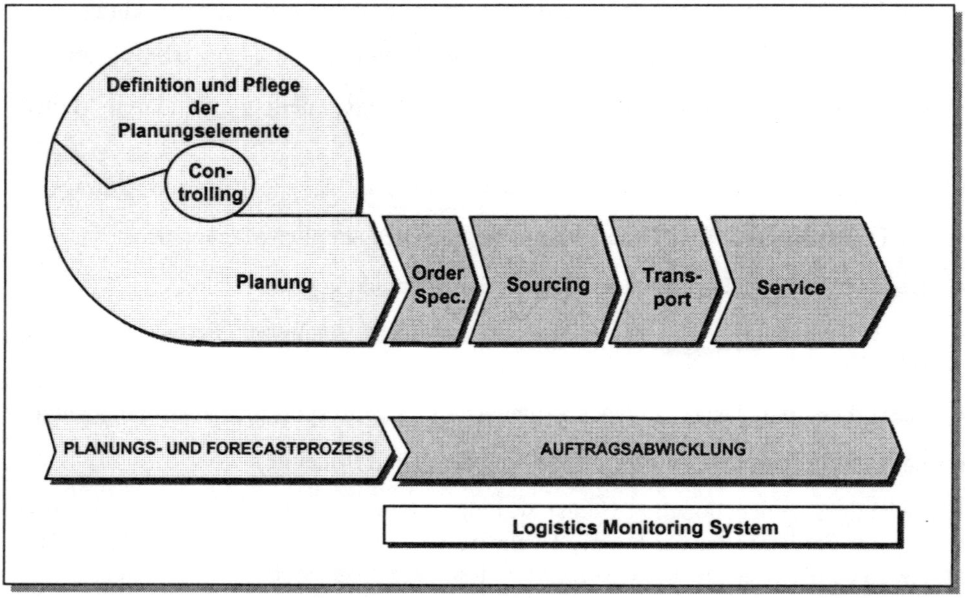

Abbildung 3.1 – 3: Struktur der Supply Chain

3.1.1 Das neue Logistikkonzept

Der Planungs- und Forecastprozess

Um die vorgegebenen verkürzten Lieferzeiten für Kundenaufträge zu erreichen, musste auch das Planungs- und Forecastsystem angepasst werden, um die rechtzeitige Verfügbarkeit des Materials sicherzustellen.

Das Planungs- und Forecastsystem (siehe Abbildung 3.1.1 – 1) basiert auf folgenden Grundprinzipien: die Vollständigkeit der Planungselemente (Coreprodukte + Infrastruktur + Montagematerial), die Anwendung eines einheitlichen Planungsinstruments für die Umsatz- und Mengenplanung und eine weltweit einheitliche Planungsmethodik, die auf definierten Planungselementen aufsetzt.

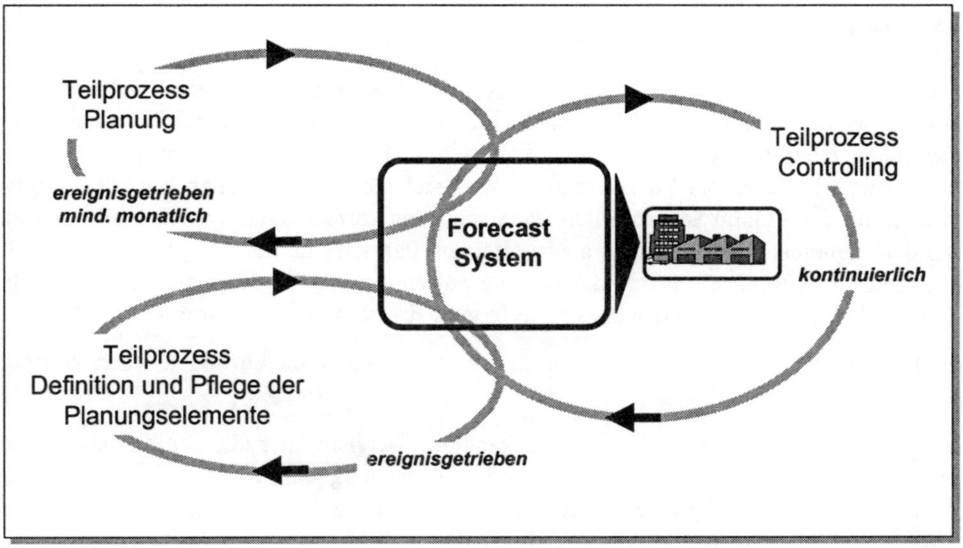

Abbildung 3.1.1 – 1: Der Planungs- und Forecastprozess besteht aus drei wesentlichen Teilprozessen

Die Auftragsabwicklung

Basierend auf den Daten aus den Pilotländern, den Benchmarkinformationen und mit Zukunftsszenarien zur Entwicklung im Telekom-Geschäft wurde jede der vier Phasen der Auftragsabwicklung (Order Specification, Sourcing, Transport, Service) optimiert. Der Ist-Situation wurden Zielabläufe gegenübergestellt und konkrete Lösungen gesucht, die einen Übergang von der Ausgangssituation zu den neuen Abläufen unterstützten. Ein zentraler Baustein war beispielsweise die Etablierung eines Logistics-Project-Managers (LPM), der die Auftragsabwicklung durchgängig vom Auftragseingang bis zur Abnahme durch den Kunden verantwortet. Dem LPM obliegt die Strukturierung, Spezifizierung und Steuerung eines Projekts nach logistischen und wirtschaftlichen Gesichtspunkten.

Als Ergebnis für die neue Prozessgestaltung ergaben sich eindeutig definierte Zeitabläufe für die zukünftigen Logistikabläufe, die mit konkreten Verbesserungsansätzen untermauert waren.

Das Logistics Monitoring System (LMS)

Parallel wurde ein Logistics Monitoring System konzipiert, das basierend auf den definierten Meilensteinen allen Prozessteilnehmern und vor allem dem LPM einen umfassenden Überblick zu Lieferzeiten, Lieferinhalten und Projektfortschritt ermöglicht. Eine offene Lösung über Inter-/Intranet erwies sich für den weltweiten Einsatz als optimal, da über definierte Schnittstellen Daten aus allen vorhandenen Systemen abgegriffen werden konnten. Dies erlaubte auch externen Partnern in der Supply Chain (z. B. Transportdienstleistern), Termindaten einzuspeisen, um so die Transparenz der Supply Chain durchgängig zu machen. Das LMS brachte drei wesentliche Vorteile:

Erstens können Auftragspositionen nach Kundengesichtspunkten und je nach Auftrag zugeordnet werden.

Zweitens ermöglicht das LMS die durchgängige Übersicht über alle Zulieferungen entsprechend der vorab definierten logistischen Zuordnung durch den Logistics-Project-Manager. Mögliche Verzögerungen einzelner Lieferungen können rasch erkannt und korrektive Maßnahmen eingeleitet werden.

Drittens erlaubt das LMS, die logistische Leistungsfähigkeit der gesamten Supply Chain hinsichtlich Komplettheit der Lieferungen, Termingenauigkeit und absoluter Lieferzeit anhand der definierten Meilensteine zu messen.

3.1.2 Die Praxiserprobung in den Pilotländern

Als erste Erprobung in der Realität wurden mit Experten aus den Pilotländern die Zielzeitabläufe überprüft, Verbesserungsansätze eingebracht und Erfahrungen ausgetauscht. Darüber hinaus wurden die einzelnen Maßnahmen auf ihre rasche Umsetzbarkeit in den Ländern geprüft und abgestimmte Maßnahmenpläne für die einzelnen Piloten definiert. Die so entstandenen neuen Logistikabläufe wurden mit konkreten Maßnahmen unterlegt (siehe Abbildung 3.1.2 – 1).

Es wurde parallel hierzu ein Business Case berechnet, sodass Erfolge der neuen Logistikabläufe in konkreten Zahlen ausgedrückt werden konnten. Ziellieferzeiten sowie Zielkenngrößen für Liefertreue und Komplettheit der Lieferungen wurden in eine Scorecard eingebracht, die mit den Ist-Werten verglichen werden und somit den Fortschritt auf dem Weg zur Weltklasse-Logistik aufzeigt. Ergänzt wurden diese Leistungsgrößen durch monetäre Kenngrößen für Bestandsumschlag und Produktivität, die sich aus den Leistungsgrößen ableiten. Wichtig bei der Gestaltung einer Scorecard ist ihre Einfachheit. Nur fünf klare Kenngrößen beschreiben das Logistiksystem. Die Generierung der Kennzahlen ist einfach, da sie auf dem existierenden Berichtswesen beruht, bzw. sich aus dem LMS ableitet.

Das neue Logistikkonzept führt zu Lieferzeitreduzierung um mindestens 85 % sowie signifikanter Bestands- und Kostenreduzierung:

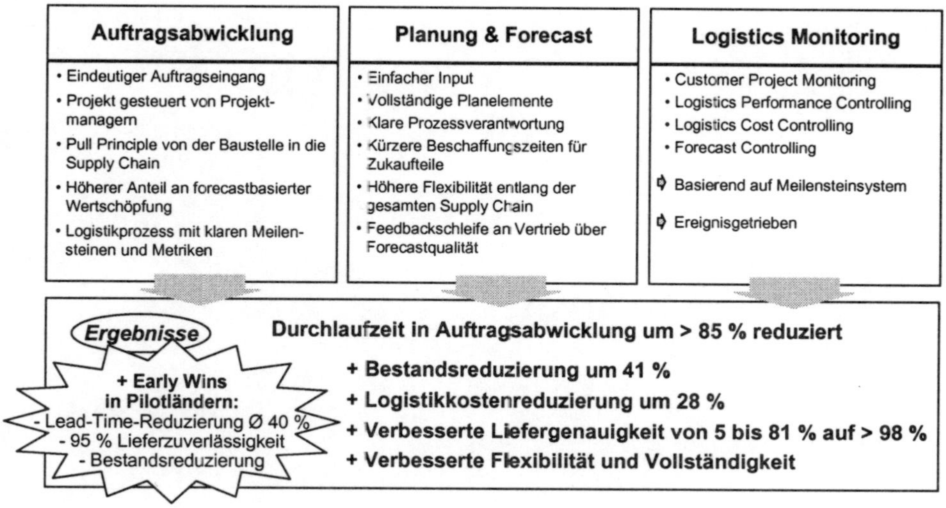

Abbildung 3.1.2 – 1: Überblick der Projektergebnisse

Was bereits heute auf der Scorecard an Ergebnissen abzulesen ist, gibt dem Konzept Recht. Allein durch die Umsetzung der Early Wins konnten in den Pilotländern erhebliche Lieferzeitreduktionen erreicht werden. Mit den weiterführenden Maßnahmen wurde die Lieferzeit schließlich weiter reduziert – um insgesamt mehr als 85 %, was annähernd dem ursprünglich gesetzten Ziel entspricht. Die Logistikkosten für WN CS und die anderen Geschäftsgebiete innerhalb Siemens ICN sind signifikant um ca. 30 % zurückgegangen, eine Absenkung des weltweiten Bestandsniveaus von über 40 % ist realistisch.

3.2 Optimierung der Supply Chain in der pharmazeutischen Industrie

PETER BOEKEN, CPIM – F. HOFFMANN-LAROCHE LTD., BASEL
LIBOR KOTLIK – ARTHUR D. LITTLE, INC., CAMBRIDGE

Optimierung der Supply Chain war bis vor kurzem kein Topthema in der pharmazeutischen Industrie. Führende Pharmaunternehmen haben jedoch die damit verbundenen Chancen wahrgenommen und profitieren heute von signifikanten Verkürzungen der Durchlaufzeiten und deutlich mehr Flexibilität. Sie sind dadurch näher am Markt und den Kunden und können schneller auf Veränderungen reagieren.

Weitere positive Effekte einer effizienten Supply Chain sind optimale Bestände, und die damit verbundene reduzierte Kapitalbindung. Betrachtet man den Bestandswert (bewertet zu Herstellungskosten) in Relation zum Umsatz, so stellt dieser in einem forschenden, global tätigen Pharmaunternehmen lediglich einen Anteil von 20 bis 40 % dar.

Gleichzeitig hat die Branche zwei weitere Besonderheiten: Die Supply Chain ist meist über zahlreiche Stufen und mehrere Standorte oder Länder verteilt. Auflagen durch die nationalen Gesundheitsbehörden können die Komplexität der Supply Chain zusätzlich erhöhen und schränken die Flexibilität in der Herstellung (Standorte, Verfahren etc.) in hohem Maße ein.

Im ersten Teil dieser Wertschöpfungskette werden die Wirkstoffe in zahlreichen und oft langwierigen chemischen Prozessen hergestellt. Dabei können mehrere Standorte miteinander verkettet sein. Teilweise sind hierbei auch externe Lieferanten eingebunden.

Im zweiten Teil dieser Wertschöpfungskette werden die Wirkstoffe in die notwendige Darreichungsform (z. B. Tabletten, Kapseln, Ampullen) gebracht und verpackt. Dieser Prozessschritt kann gleichfalls über mehrere Standorte verteilt sein.

Die Durchlaufzeiten sind, je nach Fertigungstiefe, zwischen drei und achtzehn Monaten dementsprechend lang. Aufgrund dieser Konstellation ergeben sich in einem globalen Pharmaunternehmen hohe Eindeckreichweiten und damit auch hohe Absolutbestände.

Eine erfolgreiche Optimierung der Supply Chain und die damit verbundene Bestandsanpassung kann – je nach Ausgangssituation – eine Kostenreduzierung erzielen, die in ihrer Größenordnung vergleichbar ist mit dem Ergebniseffekt eines gut positionierten Medikaments.

Doch reine Bestandssenkungen, die nicht die gesamte Supply Chain im Auge haben, womöglich noch als Top-down-Zielsetzung vorgeschrieben, führen häufig nur zu Lieferproblemen und Unverständnis bei den Mitarbeitern. Solche Initiativen werden erfahrungsgemäß nach kurzer Zeit wieder zurückgenommen und viele Beteiligte sind sich – fälschlicherweise – sicher, dass ein hoher Bestand weiterhin zwingend notwendig ist.

Der erfolgreichere Weg ist vielmehr, die Optimierung der Bestände in ein ganzheitliches Konzept einzubetten, um gleichzeitig Produktions- und Geschäftsprozesse zu optimieren und Komplexität im Produktportfolio und Produktionsnetzwerk zu reduzieren.

Erfolgsentscheidend ist – insbesondere im Spannungsfeld der unterschiedlichen Geschäftsumfelder in den unterschiedlichen Märkten bzw. Ländern – auch die Mitgestaltungsmöglichkeit der Ländergesellschaften von Anfang an und die damit verbundene Akzeptanz.

Bei F. Hoffmann-LaRoche wurde vor einigen Jahren die stark ansteigende Komplexität der pharmazeutischen Supply Chain und die darin verborgene Herausforderung adäquater Bestandsführung erkannt. Die Division Pharma macht mit ca. 14 Milliarden Schweizer Franken (1998) fast 60 % des Gesamtumsatzes des Schweizer Pharmaunternehmens aus.

Zur Optimierung der Supply Chain wurde ein globales Projektteam aufgestellt. Ziel dieses Teams war, die weltweite Produktversorgung mit minimalen Durchlaufzeiten, effizienten Prozessen und optimalen Beständen sicherzustellen (siehe Abbildung 3.2 - 1).

Eine enge Zusammenarbeit gewährleistet hohe Akzeptanz:

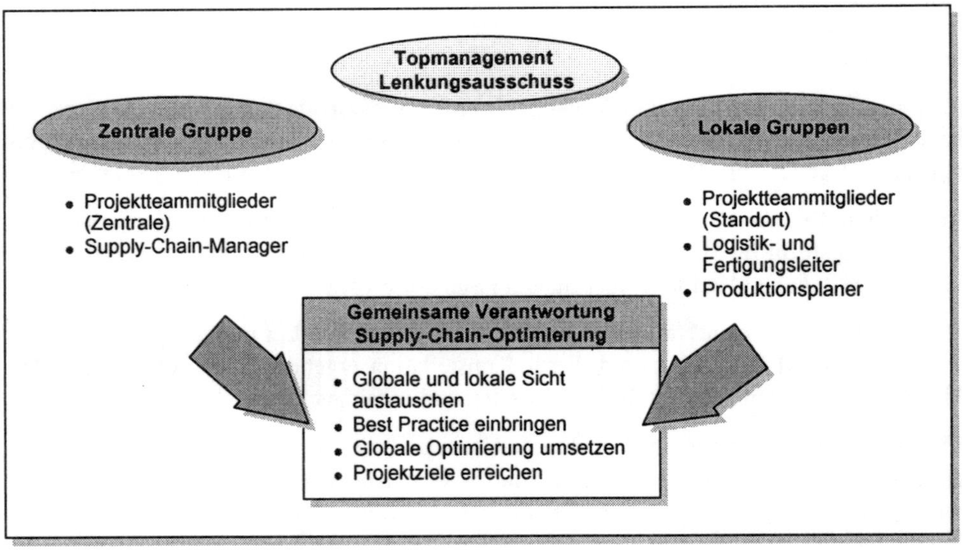

Abbildung 3.2 – 1: Projektorganisation

Zur Sicherstellung einer effizienten Projektbearbeitung bei gleichzeitig möglichst hoher globaler Beteiligung, wurde das Team aus Mitarbeitern der wesentlichen Fertigungsstandorte und der Zentrale zusammengesetzt. Auf diesem Weg war zum einen ein standardisiertes Vorgehen gewährleistet, zum anderen wurden in der Gesamtkonzeption die länderspezifischen Aspekte ausreichend berücksichtigt. Das Projektteam berichtete regelmäßig an das Topmanagement.

Die eigentliche Projektbearbeitung erfolgte anschließend in vier Schritten (siehe Abbildung 3.2 – 2). Die Konzeption sollte innerhalb von sechs Monaten erarbeitet und abgestimmt sein. Wesentliche Umsetzungsmaßnahmen sollten innerhalb von weiteren sechs bis neun Monaten an den fünf wichtigsten Standorten umgesetzt werden. Die weitergehende Implementierung an acht zusätzlichen Standorten sollte anschließend in den darauf folgenden sechs bis neun Monaten erfolgen.

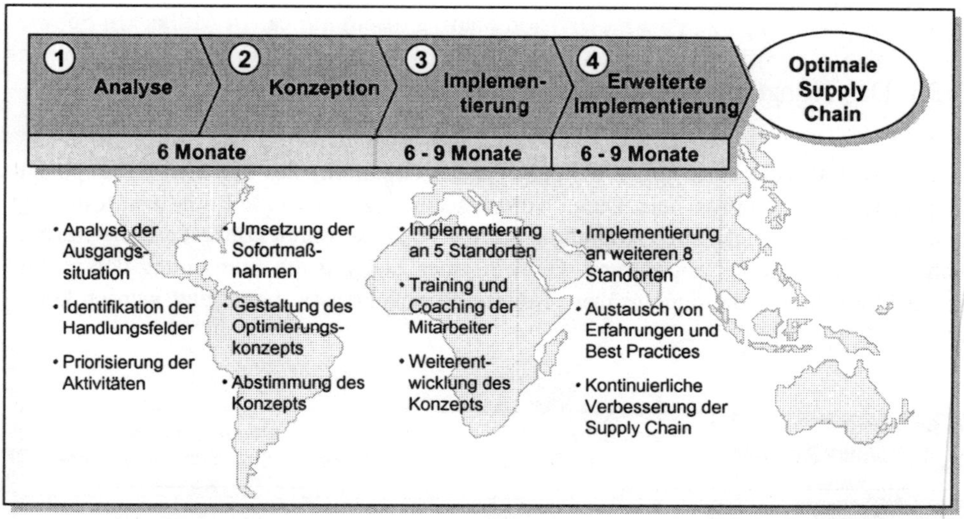

Abbildung 3.2 – 2: Vorgehensweise: Vier Schritte zur optimalen Supply Chain

Nach Aufstellung des Projektteams und gemeinsamer Abstimmung der Vorgehensweise folgte die Analyse der Ausgangssituation sowie die Identifikation und Analyse der Gründe für Ineffizienzen und Verzögerungen in der Supply Chain.

Als wesentliche Handlungsfelder wurden

- inkohärentes Bestandsmanagement,
- interner Customer Service,
- Kommunikation,
- Durchlaufzeit,
- Fertigungslosgröße und
- Absatz-Prognosesicherheit

identifiziert.

So zeigte beispielsweise eine Analyse der Durchlaufzeiten für ausgewählte Produkte eine oft lange Verweildauer in den einzelnen Fertigungsstufen sowie lange interne Wiederbeschaffungszeiten zwischen den einzelnen Fertigungsstandorten. Eine Betrachtung der Losgrößen für ausgewählte Produkte entlang der Wertschöpfungskette ergab, dass Losgrößen der nachfolgenden Fertigungsstufen teilweise nicht aufeinander abgestimmt waren und somit hohe Pufferbestände entstanden. Weitere Analysen zeigten, dass interne Customer-Service-Ziele von einigen Fertigungsstätten nicht eingehalten wurden. In Verbindung mit hohen Durchlaufzeiten, insbesondere wenn Produkte mehrere Fertigungsstandorte durchliefen, führte dies zu hohen Sicherheitsbeständen an den einzelnen Standorten.

3.2.1 Das Konzept zur Optimierung der Supply Chain

Als nächster Projektschritt folgte die gemeinsame Gestaltung des globalen Konzepts zur Optimierung der Supply Chain. Dabei wurden sechs eng verknüpfte Initiativen festgelegt und ausgearbeitet (siehe auch Abbildung 3.2.1 – 1). Diese waren konkret auf die wesentlichen Handlungsfelder abgestimmt. Gemeinsames Ziel war die Erarbeitung von praktischen Maßnahmen, die ohne größere Investitionen kurzfristig umgesetzt werden konnten.

1	**Quick Results**	Gezielt Schwachstellen angehen und kurzfristig Bestandssenkung erreichen (z. B. Sperrbestände eliminieren, Stammdaten optimieren)
2	**Bestands-budgetierung**	Mittels eines einheitlichen Prozesses und standardisierter Vorgaben eine Bottom-up-Bestandsbudgetierung und Zielsetzung aufbauen
3	**Bestands-transparenz**	Bestandsdaten aller Produkte der wichtigten Standorte global verfügbar machen
4	**Bestands-management**	Standardisiertes Bestandsmanagement für alle Standorte erarbeiten und einführen
5	**Minimale Durchlaufzeit**	Reduzierung der globalen Durchlaufzeit für wesentliche Produkte
6	**Kennzahlen**	Globale und lokale Effizienzkennzahlen einführen und verfolgen

Abbildung 3.2.1 – 1: Erreichung der Projektziele auf Basis von sechs Elementen

Quick Results: Überflüssige Bestände sofort minimieren

An den fünf wichtigsten Produktionsstandorten wurden die vorhandenen Bestände in den einzelnen Bestandskategorien analysiert. Dabei wurden offensichtliche Überbestände gezielt reduziert. Wichtig war hierbei auch, sich mit gesperrten Beständen auseinander zu setzen und diese durch Aufbau effizienterer Abläufe kurzfristig wieder dem Produktionsprozess zuzuführen oder – falls notwendig – zu vernichten.

Ein anderer Ansatzpunkt war die Aktualisierung und Optimierung der Parameter in den jeweiligen Materialwirtschaftssystemen. Damit war es möglich, eine teilweise systematische Überbevorratung nachhaltig zu eliminieren.

Die positiven Ergebnisse dieser Sofortmaßnahmen in einer so frühen Projektphase waren wichtig, um die Beteiligten von den Möglichkeiten und Vorteilen einer Optimierung der Supply Chain zu überzeugen und damit eine hohe Akzeptanz und Dynamik für das Projekt sicherzustellen.

Planung und Budgetierung der Bestandsziele

Ein weiteres wesentliches Element der Supply-Chain-Optimierung war die Gestaltung eines regelmäßigen, globalen Bestandsplanungsprozesses im Rahmen der jährlichen Unternehmensplanung. Dabei wurden auf Basis der geplanten Umsätze, differenziert nach einzelnen Ländern, Produktionsstandorten und Produktgruppen, die Zielbestände festgelegt. Dieser Prozess erfolgte bottom-up, eingebettet in die übergreifenden Unternehmensziele.

Man erhält realistische Bestandsziele, die den Vorteil haben, von den jeweiligen Verantwortlichen vollständig geteilt und unterstützt zu werden. Gleichzeitig können geplante lokale und globale Veränderungen der Supply Chain berücksichtigt werden.

Etablierung einer globalen Bestandstransparenz

Aufgrund der Komplexität der pharmazeutischen Supply Chain sind die Bestände für Rohmaterial, Zwischen- und Fertigprodukte häufig über mehrere Länder und Standorte verteilt. Eine Optimierung der Supply Chain, die nur lokal greift, kann leicht zu Engpässen an anderen Standorten führen. So ist es für viele Situationen nützlich, eine globale Bestandstransparenz zu erreichen, um einerseits die Wertschöpfungskette zu optimieren, aber auch, um andererseits mögliche Engpässe frühzeitig erkennen und beheben zu können. Da zu Anfang des Projekts noch kein standortübergreifendes Materialwirtschaftssystem existierte, wurde kurzfristig eine einfaches Reportingsystem auf Basis des vorhandenen länderübergreifenden Intranets aufgebaut. Nun war es möglich, lokale und globale Bestände sowie Absatzdaten je Produktgruppe transparent zu machen. Die Bestandssituation war für jeden Standort abrufbar, und jeder Standort konnte selbst überprüfen, ob ausreichend Produkte aus den Vorstufen zur Verfügung stehen.

Ein weiterer Vorteil der Bestandstransparenz war, dass alle Prozessbeteiligten an den hohen Beständen den dringenden Optimierungsbedarf in der Supply Chain deutlich erkennen konnten.

Einführung eines standardisierten Bestandsmanagements

An den einzelnen Produktionsstandorten wurden die Bestände nach unterschiedlichen Ansätzen geplant und gesteuert – mehr oder weniger effektiv. Über einen internen Benchmarkingprozess, ergänzt durch externe Best Practices, wurden einheitliche Regeln und Vorgehensweisen zur Bestandsplanung und Bestandssteuerung erarbeitet, die dann von den einzelnen Standorten umgesetzt wurden. So legten die Arbeitsgruppen beispielsweise fest, nach welchen Verfahren die Zielbestände für die Fertigprodukte definiert werden oder wie häufig Produkte gemäß ihrer ABC-Klassifizierung zu fertigen sind. Die Einstufung in die entsprechenden ABC-Kategorien erfolgte dabei nach strategischer Bedeutung und Wert des Produkts. Bei der Klassifizierung wurden die standortspezifischen Gegebenheiten, z. B. die Unterschiede zwischen einem reinen Verpackungsstandort und einem Standort mit kompletter galenischer Fertigung (Verarbeitung des Wirkstoffs in die Darreichungsform und Verpackung), berücksichtigt.

Weiterhin wurden die Bestände zur Erhöhung der Transparenz in operationelle Bestände und strategische Bestände differenziert. Operationelle Bestände werden zur Bedarfsdeckung für eingeführte Produkte herangezogen. Strategische Bestände werden angelegt, um zukünftige Bedarfe zu decken (z. B. im Bereich der Produktentwicklung). Die unterschiedlichen Rahmenbedingungen für diese beiden Bestandskategorien bedingen eine unterschiedliche Analyse, Bewertung und Handhabung der vorhandenen und geplanten Bestände.

Reduzierung der Durchlaufzeiten für Schlüsselprodukte

Kurze Durchlaufzeiten der Produkte an und zwischen den einzelnen Fertigungsstandorten sind ein wichtiger Faktor für die Effizienz einer Wertschöpfungskette. Flexibilität, also Reaktionsfähigkeit auf wechselnde Markt- und Kundenbedürfnisse, sowie Bestandshöhe, d. h. notwendige Kapitalbindung zur Sicherstellung der Customer-Service-Ziele, sind stark abhängig von der Durchlaufzeit.

Damit war ein weiteres Element der Supply-Chain-Optimierung, die Durchlaufzeiten an und zwischen den einzelnen Standorten zu verkürzen. Entsprechende Initiativen erfolgten hier auf zwei Ebenen. So wurden global kürzere interne Bestellzyklen für die Topprodukte eingeführt, was lokal durch Initiativen zur Verkürzung der Fertigungsdurchlaufzeiten und Reduzierung der Losgrößen unterstützt wurde. Auf Basis dieser Veränderung war es möglich, sowohl die Umlauf- als auch die Sicherheitsbestände bei Fertigprodukten und bedeutsamen Wirkstoffen weiter zu optimieren und plötzliche Nachfrageschwankungen besser und schneller auszugleichen.

Schaffung eindeutiger Verantwortlichkeiten und Messung der Ergebnisse

Das Gesamtkonzept wurde durch Festlegung eindeutiger und einheitlicher Bestands- und Serviceverantwortung vervollständigt. So verantwortet beispielsweise ein lokaler Materialsmanager den Gesamtbestand eines Standorts (Fertigware und galenische Teilprodukte) und hat gleichzeitig die Verantwortung, den Customer Service sicherzustellen. Wirkstoffbestände hingegen werden aufgrund ihrer globalen Bedeutung zentral organisiert und verantwortet.

Ein Monitoring und Controlling des Erfolgs der Optimierung der Supply Chain wurde durch die bestehende globale Operations-Scorecard und die Kennzahlen „Flow Time", „Customer Service", „Eindeckreichweite" sowie „Bestandswert" unterstützt. Diese und andere Kennzahlen werden im Rahmen des Unternehmensreporting standortübergreifend regelmäßig berichtet und zeigen dem Management die wesentlichen Trends rechtzeitig an.

3.2.2 Erfolgreiche Umsetzung an den fünf wichtigsten Standorten

Nächster Schritt der Supply-Chain-Optimierung war die Umsetzung der einzelnen Elemente an den fünf wichtigsten Standorten. Die frühzeitige Einbeziehung der jeweiligen Verantwortlichen ermöglichte eine schnelle und termingenaue Umsetzung.

Ein wesentlicher Erfolgsfaktor in der Implementierungsphase war die regelmäßige Kommunikation über Umsetzungserfolge und -erfahrungen zwischen den beteiligten Standorten und Projektmitgliedern – u. a. in regelmäßigen Workshops und im unternehmensweiten Intranet. Im Rahmen der Workshops wurden Erfahrungen ausgetauscht, bestehende Optimierungsansätze weiterentwickelt und Best Practices definiert. Eine weitere unterstützende Maßnahme in dieser Projektphase war ein unternehmensspezifisches Supply-Chain- und Bestandsmanagementtraining. Damit wurde garantiert, dass die Optimierung der Supply Chain sowie die Steuerung der Bestände unternehmensweit möglichst einheitlich gehandhabt wurden.

Wesentliche Faktoren für den Erfolg des Projekts zur Optimierung der Supply Chain waren:

- Die hohe Priorität, die das Topmanagement der Supply-Chain-Optimierung gegeben und innerhalb des Unternehmens kommuniziert hat.
- Der Einsatz eines globalen Projektteams, das die Akzeptanz im gesamten Unternehmen sicherstellte.
- Die Aufrechterhaltung des gewohnten Lieferservice.
- Die Erfolgsmessung anhand des Customer Service, der Durchlaufzeit sowie der Eindeckreichweite, welche die Fortschritte transparent und nachvollziehbar machte.

Schon etwa neun Monate nach Start der dritten Projektphase wurde mit der erweiterten Implementierung des Konzepts an weiteren acht internationalen Standorten begonnen. Dabei konnten viele Erfahrungen aus der ersten Umsetzungsphase eingebracht werden, was zu erheblichen Zeiteinsparungen führte.

Bereits nach Ablauf des ersten Jahres wurden signifikante Erfolge hinsichtlich effizienter Prozesse, reduzierter Durchlaufzeiten und verringerter Eindeckreichweiten erzielt.

Außerdem erreichten die Arbeitsgruppen eine Harmonisierung der Bestandsmanagementrichtlinien innerhalb des Konzerns und die Einführung eines standardisierten Bestandsbudgetierungsprozesses. Gleichzeitig konnte die globale Bestandstransparenz erhöht werden und es gelang, die Mitarbeiter für den Supply-Chain-Gedanken zu gewinnen.

Derzeit wird das bestehende Konzept weiterentwickelt. Es geht insbesondere um standortübergreifende Optimierungen der Supply Chain. Ziel dabei ist, die Supply Chain von der Beschaffung des Rohmaterials bis zum Absatz des Endprodukts möglichst reaktionsschnell und effizient zu gestalten und dadurch die notwendigen Bestände in der Wertschöpfungskette weiter zu minimieren.

3.3 Redesign des Supply Chain Management am Beispiel des europäischen Papierunternehmens SCA Hygiene Paper

NORBERT DUMMELDINGER – SCA HYGIENE PAPER, RAUBLING
KURT ORTHMANN – ARTHUR D. LITTLE INTERNATIONAL, INC., MÜNCHEN

In der europäischen Papierindustrie ist in letzter Zeit ein starker Trend zu Firmenaufkäufen und Zusammenschlüssen zu beobachten. Zielrichtung der Fusionen ist, Skaleneffekte und Synergien zwischen den einzelnen Standorten zu nutzen und damit die Kosten zu reduzieren. Die so entstandenen international ausgerichteten Produktionsnetzwerke erfordern meistens nicht nur eine Neuausrichtung der einzelnen nationalen Produktionsstandorte, sondern auch eine Harmonisierung der gesamten Logistikkette (Supply Chain).

Dabei begegnen einem fusionierten Unternehmen folgende Problemstellungen: Die einzelnen Prozesse und die eingesetzten Produktionsmittel unterscheiden sich von Standort zu Standort. Die Kommunikationswege werden länger und sind nicht selten durch Missverständnisse oder Uneinheitlichkeiten behindert. Verschiedene Kulturen prallen aufeinander und Sprachbarrieren verschärfen die Situation. Die Notwendigkeit, die Gesamtorganisation und die einzelnen Abläufe zu harmonisieren, liegt auf der Hand. All dies kennzeichnete auch die Ausgangssituation bei SCA Hygiene Paper, einem schwedischen Papierunternehmen mit mittlerweile über zehn Standorten in Europa.

SCA Hygiene Paper erwirtschaftet einen jährlichen Umsatz von ca. drei Milliarden Mark und gehört zum SCA Konzern. Der Geschäftsbereich Hygiene Paper stellt Toilettenpapier, Servietten und Taschentücher her und bedient den gesamten europäischen Markt. Die Produkte werden vor allem unter den Markennamen „Zewa“ und „Danke“, aber auch als Private Label für Großkunden vertrieben.

Nach den Unternehmenskäufen in Europa stand die stark gewachsene SCA Hygiene Paper vor der Aufgabe, die neuen Standorte nun auf einzelne Produktfamilien neu auszurichten. Die Auslastung der einzelnen Standorte war bisher deutlich zu niedrig, die Bestände vor allem bei langsam drehenden Artikeln zu hoch. Prozessunterbrechungen und eine teilweise inkompatible EDV bedingten einen hohen manuellen Korrekturaufwand. Die gesamte Logistikkette war schwierig zu steuern.

Ziel war, die gesamte Supply Chain zu harmonisieren. Alle Mitarbeiter an allen Standorten sollten nach den gleichen Regeln arbeiten: eine Firma – ein Prozess – eine Organisation. Wenn der Verkauf in Wien für den österreichischen Markt Produkte aus der französischen Fabrik benötigte, dann sollten alle beteiligten Partner die gleiche Auffassung vom entsprechenden Bedarf haben und danach handeln. Keine Missverständnisse mehr, nur weil jeder unter dem Begriff Planung etwas anderes versteht!

Von Anfang an ging es also darum, ein gemeinsames Verständnis bei den Beteiligten zu schaffen. Es durfte kein Konzept entstehen, das bei der Implementierung nach Projektabschluss dann daran scheiterte, dass die betroffenen Personen nicht frühzeitig eingebunden worden waren.

Gestartet wurde die Neuorganisation der Supply Chain deshalb mit drei großen Workshops, die sehr breit angelegt waren und über die die Entscheidungsträger der jeweiligen Bereiche und verschiedenen Regionen in hohem Maß an der Entwicklung der Prozesse und Organisationen beteiligt wurden.

Die Interessengruppen wurden in Teams aufgeteilt (siehe Abbildung 3.3 – 1). Das Kernteam steuerte den Gesamtprozess und strukturierte die Themen. Das große Projektteam gab inhaltliche Anstöße und stellte die Identifikation der Mitarbeiter mit dem Projekt sicher. Die regionalen Teams brachten die Länderspezifika ein und integrierten die operativen Ebenen. In den Workshops wurden insgesamt 120 Mitarbeiter unseres Unternehmens aktiv beteiligt.

Das Konzept für das europäische Supply Chain Management wurde in sechs Schritten entwickelt:

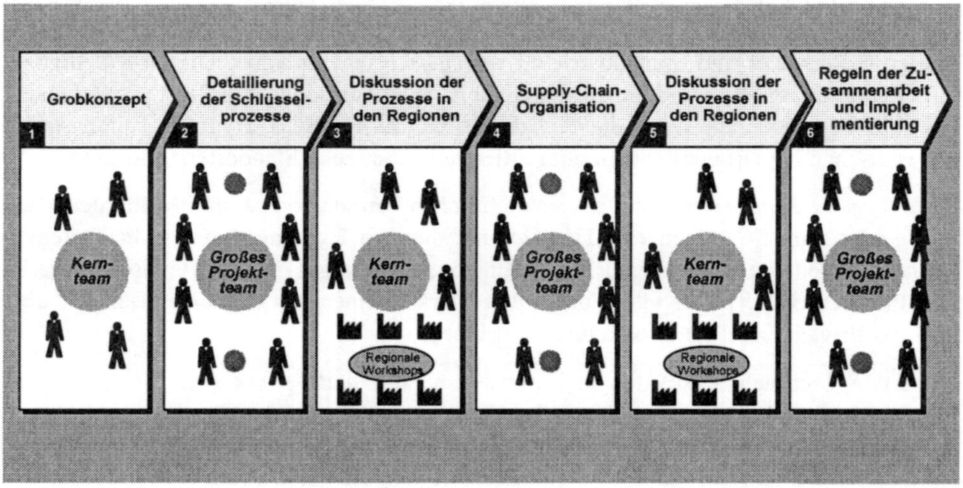

Abbildung 3.3 – 1: Vorgehensweise

Generell wurden zuerst die Prozesse, dann die organisatorischen Verantwortlichkeiten und anschließend die Entscheidungsregeln festgelegt.

Relevante Supply-Chain-Prozesse, die harmonisiert wurden, waren:

- Planung,
- „Mutterrollenmanagement" (Mutterrollen sind die Zwischenprodukte aus der Papierfabrik, die dann spezifisch zum Endprodukt weiterverarbeitet werden),

- Auftragsabwicklung,
- Beschwerdemanagement,
- Lagermanagement und
- die Einführung neuer Produkte (siehe Abbildung 3.3 – 2).

Die Planung umfasst den gesamten Ablauf von der Absatzplanung über die Produktionsplanung bis zur Beschaffungsplanung. Gerade hier erwartete sich SCA Hygiene Paper deutliche Optimierungen durch eine höhere Planungsgenauigkeit.

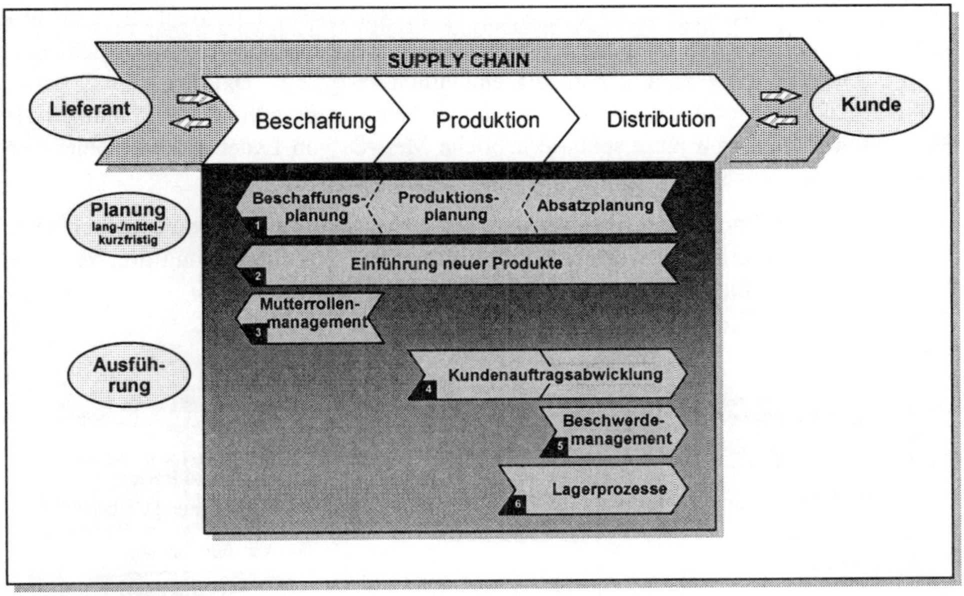

Abbildung 3.3 – 2: Sechs Schlüsselprozesse beschreiben die Supply Chain

Im sogenannten Mutterrollenmanagement wird auf der Basis der Anforderungen für die Papierverarbeitung die Bereitstellung der Mutterrollen durch die Papiermaschinen organisiert. Kurzfristige Bedarfs- und Produktionsveränderungen führen schnell zu Unterdeckung des benötigten Bedarfs oder sogar zu einem Überschuss. Das Mutterrollenmanagement hat also sicherzustellen, dass die Zusammenarbeit zwischen der Papierherstellung und Papierverarbeitern möglichst reibungslos und schnell funktioniert, dass Überschussmengen profitabel am Markt verkauft und Fehlmengen am Markt eingekauft werden.

Eine Sonderstellung hatte die Produktentwicklung: Denn nicht die Produktentwicklung an sich war zu optimieren, sondern die Schnittstelle zur Herstellung der neuen Produkte in den einzelnen Werken. Hier hatte es häufig Probleme gegeben. Insbesondere wurde der Erhöhung der Komplexität durch neue Produkte nicht genügend Rechnung getragen.

3.3.1 Neuorganisation der Planung

Nach einer sehr kurzen Analysephase, bei der auch ausgewählte Standorte besucht wurden, waren die Probleme klar: Das größte Manko lag bei der Planung, denn Abläufe und Verantwortlichkeiten waren von Standort zu Standort unterschiedlich. Teilweise plante man nur einmal jährlich und an vielen Standorten waren die Verantwortlichkeiten für die Absatzplanung alles andere als einheitlich festgelegt. Darüber hinaus hatten Vorhersagen keinerlei Auswirkungen auf die tatsächliche Erstellung der Planungen. In den Lagern stauten sich nicht selten erhebliche Mengen von Ladenhütern – ohne sonderliche Konsequenzen für diejenigen, die sie verursacht hatten.

Der neu entwickelte Planungsprozess und die organisatorischen Verantwortlichkeiten unterschieden sich erheblich vom bisherigen Vorgehen. Wir führten nun drei verschiedene Zeithorizonte für die Planung ein (siehe Abbildung 3.3.1 – 1):

Planungshorizont / Prozess-hauptschritte	Lang-frist (15 Monate)	Mittel-frist (4 Monate)	Kurz-frist (2 Wochen)
Absatzplanung	X	X	X
Nettobedarf der Fertigprodukte	X	X	X
Kapazitätsauslastung und Zuordnung des Nettobedarfs auf Werke	X	X	X
Produktionsplanung	—	X	X
Beschaffungsplan	X	X	X

1) inkl. Mutterrollen und Zellstoff

Langfristplan

Horizont: 15 Monate rollierend auf monatlicher Basis

Frequenz: Absatzplanung vierteljährlich zwei Wochen vor Beginn des nächsten Quartals

Mittelfristplan

Horizont: 4 Monate rollierend: die ersten 2 Monate auf Wochenbasis, 3. und 4. Monat auf Monatsbasis

Frequenz: Absatzplanung wöchentlich jeden Freitag

Kurzfristplan

Horizont: 2 Wochen auf Wochenbasis

Frequenz: Absatzplanung wöchentlich jeden Freitag, Produktionsplanung bei Bedarf öfters

Abbildung 3.3.1 – 1: Planungshorizonte

1. Einen Langfristplan mit einem Horizont von 15 Monaten. Dieser Plan soll langfristige Kapazitätsengpässe aufzeigen und Investitionen im überschaubaren Rahmen enthalten. Er wird vierteljährlich rollierend auf Basis von Artikelgruppen überarbeitet.
2. Einen mittelfristigen Plan mit einem Horizont von vier Monaten zur Abdeckung von Sonderaktionen mit einer Vorlaufzeit von zwei bis drei Monaten. Die ersten beiden Monate werden auf Wochenbasis und die letzten zwei Monate auf Monatsbasis abgebildet. Die Planung erfolgt auf Artikelebene. Der Mittelfristplan wird zusammen mit dem Kurzfristplan jeden Freitag aktualisiert.
3. Einen Kurzfristplan mit einem Horizont von zwei Wochen zur Erstellung der Produktionspläne. Die Absatzpläne auf Artikelebene werden wöchentlich jeden Freitag überarbeitet, die Produktionspläne können nach Bedarf auch öfters überarbeitet werden, z. B. bei neu hereinkommenden Aufträgen.

Der größte Benefit beim Redesign der Planung war die Vereinheitlichung besonders im Hinblick auf die nationalen Absatzplanungen. Alle Standorte verwenden nun die gleichen Planungshorizonte, Abläufe und Verantwortlichkeiten.

3.3.2 Klare Verantwortungszuordnung zwischen Vertrieb, Lager und Produktion

Die Aufgaben zwischen Vertrieb, Lager und Produktion wurden klar getrennt. Der Vertrieb macht nun die Absatzplanung rollierend je nach den geforderten Zeithorizonten. Ein im Vertrieb ansässiger Demand-Manager gibt die Absatzpläne ins System ein. Aus den Vorhersagen der Regionen ergibt sich ein Bedarf, der Demand. Dieser Demand hat für die nachgelagerten Einheiten verbindlichen, „vertragsähnlichen" Charakter. Die nachgelagerten Einheiten dürfen diesen Bedarf nicht mehr ändern. Das übliche, in der Vergangenheit vorgenommene, sogenannte Second Guessing führte nur zu erhöhten Beständen und in der Folge zu gegenseitigen Anschuldigungen.

Das Lager definiert den einzuhaltenden Richtbestand und den Maximalbestand pro Artikel. Die Produktion kennt den erwarteten Bedarf, den Richtbestand und den Maximalbestand. Sie hat die jeweilige Menge herzustellen, um den Richtbestand einzuhalten. Damit sie ihre Losgrößen optimieren kann, darf sie bis zum Maximalbestand produzieren. Das ist in der Papierindustrie deshalb wichtig, weil es der Produktion erlaubt, kostenoptimierte Übergrößen zu erreichen und sich gleichzeitig flexibel auf den sich schnell ändernden Bedarf einzustellen. Der Maximalbestand stellt sicher, dass die Bestände unter Kontrolle bleiben.

3.3.3 Entscheidungsregeln mit entsprechenden Anreizen

Entscheidungsregeln sollten als letzte Instanz das Geschäft im Fluss halten. Läge ein Interessenkonflikt zwischen mehreren Parteien vor und könnten diese binnen einer festgesetzten Zeit keine einvernehmliche Lösung finden, so würde die Entscheidungsregel greifen. Insgesamt wurden 19 Entscheidungsregeln aufgestellt für Planung, Lieferung bei Warenknappheit, Sonderaktionen, Beschwerden, Materialretouren, Palettenrücklauf, Neuentwicklungen und Ladenhüter in den Lagern.

Besonders bedeutend war die Frage der Verantwortung für Ladenhüter in den Lagern. Die aufgestellte Regel zwang den Vertrieb, zuverlässigere Planungen abzugeben. Plante ein Vertriebsmitarbeiter beispielsweise für ein Produkt einen zu hohen Verkauf ein, sodass Teile des Bestands am Ende nicht mehr verkauft wurden und liegen blieben, so wurden diese Bestände nach einem Zeitraum von maximal vier Monaten dem Vertrieb in seine Kostenstelle übertragen. Dies galt genauso für die Produktion, falls dort mehr produziert wurde, als nach den Maximalbeständen erlaubt war.

Zur Unterstützung der Neuausrichtung wurden alle neuen Prozesse, die dazugehörige Organisation und sämtliche wichtige Entscheidungsregeln in einem Supply-Chain-Handbuch dokumentiert, das auf Englisch vorlag. Einzelne Standorte übersetzten es in die Landessprache, um bei ihren Mitarbeitern eine höhere Akzeptanz zu erreichen.

3.3.4 Umsetzung über das Train-the-Trainer-Prinzip

Die Umsetzung der neuen Prozesse und Entscheidungsregeln in der Organisation wurde mittels des Train-the-Trainer-Prinzips erreicht. Aus jeder Region wurde ein Trainer für die Prozesse und die Schulung der EDV ausgewählt, der vom Kernteam trainiert wurde. Die Regionaltrainer wiederum schulten ihre Mitarbeiter zuhause in den neuen Prozessen und führten sie in die einheitliche EDV ein.

Diese sogenannten Country Manager waren also verantwortlich für die erfolgreiche Umsetzung, die wiederum vom Kernteam kontrolliert wurde.

Nach etwa einem halben Jahr zeigten sich die ersten Erfolge. Der Bestand an Ladenhütern ging binnen des ersten Jahres für über hundert Artikel um 30 % zurück. Für das folgende Jahr ist mit einem weiteren Rückgang von 30 % zu rechnen.

Die Absatzpläne wurden insgesamt zuverlässiger: Die Regionen waren alle auf die gleichen EDV-Tools umgestellt und trainiert. Die Regionen, die von vornherein mit geringeren Sprachbarrieren zu kämpfen hatten oder ein besseres EDV-Instrumentarium besaßen, waren dabei schneller am Ziel.

3.3.5 Was der SCA Hygiene Paper den Erfolg brachte

Das erfolgreiche Redesign der europäischen Supply Chain bei SCA Hygiene Paper basierte auf folgenden sechs Faktoren, deren Bedeutung nicht zu unterschätzen ist:

1. Eine kurze Analysephase in ausgewählten Standorten klärt die Abläufe, Stärken und Schwächen. Diese Phase sollte zügig vorangehen, da den meisten Mitarbeitern ihre schwerfälligen Prozesse bekannt sind und sie sie möglichst schnell verbessern wollen.
2. Durch die Workshops mit dem erweiterten Projektteam sowie die regionalen Gruppen werden sehr viele Personen aktiv eingebunden. Dies erleichtert die spätere Implementierung, weil sich die wichtigsten Personen dadurch aktiv in den Entwicklungsprozess einbringen konnten und ihre Mitarbeit bei der anschließenden Umsetzung gesichert war.
3. Vor der Harmonisierung der Prozesse muss die Neugestaltung des Produktionsnetzwerks vom Vorstand beschlossen und diese Entscheidung an alle Mitarbeiter weitergegeben worden sein. Sonst ist die Gefahr hoch, dass man mehr über die grundsätzliche Notwendigkeit eines neuen Produktionsnetzwerks diskutiert als über die detaillierte Neugestaltung der Supply Chain.
4. Eine Optimierung der Absatzplanung erfordert, dass die Verursacher von Mangel- oder Überschussbeständen zur Verantwortung gezogen werden. Das heißt, aufgetretene Ladenhüter müssen den Verursachern umgehend belastet werden und der Verursacher muss dies auch an seiner persönlichen Entlohnung merken.
5. Obwohl ein europäisches Netzwerk angestrebt wird, muss die Dokumentation für einige Länder in die dortige Muttersprache übersetzt werden, das vereinfacht die spätere Umsetzung.
6. Die Implementierung in den verschiedenen Regionen sollte eine Schulung der Mitarbeiter sowohl in den Prozessen als auch in den verwendeten EDV-Instrumenten durch die jeweilige Kontaktperson beinhalten (Train-the-Trainer-Prinzip).

4. International Sourcing – Modelle für europäisches und globales Beschaffungsmarketing

MICHAEL SCHUNDA – ARTHUR D. LITTLE INTERNATIONAL, INC., MÜNCHEN

„Systematisches Einkaufsmarketing auf den internationalen Beschaffungsmärkten steigert die Wettbewerbsfähigkeit."

Die Beschaffung externer Güter ist seit jeher für fast alle Branchen von grundlegender strategischer Bedeutung. Vor dem Hintergrund der zunehmenden Internationalisierung der Wirtschaft und des immer härteren Wettbewerbs rückt die Einkaufstrategie noch stärker in den Mittelpunkt: Viele Unternehmen versuchen durch eine Europäisierung bzw. Globalisierung ihres Einkaufs Wettbewerbsvorteile zu erlangen. Und: Beschaffungsmarketing umfasst längst nicht mehr nur den wichtigen Faktor Materialkosten (in manchen Branchen machen diese mehr als 50 % der Gesamtkosten aus), sondern beeinflusst auch andere Bereiche wie Lieferzeit und Qualität. Denn viele Unternehmen übertragen – Stichwort „Outsourcing" – zunehmend Fertigungstiefe an Dritte.

Um sich ein Bild über den aktuellen Stand ihrer Beschaffungsstrategie zu machen, sollten sich Unternehmen die folgenden Fragen stellen:

- Welche Beschaffungshebel wenden wir derzeit an? Nur traditionelle, wie standortbezogene Bündelung und Preisverhandlung, oder auch innovative, wie Allianzen mit international agierenden Wettbewerbern zur Steigerung der Verhandlungsmacht?
- Sehen wir die Aufgabe des Einkaufs primär in der art-, zeit- und mengengerechten Bereitstellung von Materialien/Komponenten und Dienstleistungen oder binden wir den Einkauf auch in anstehende Planungsaufgaben mit langfristigem Horizont ein?
- Ist die wesentliche Zielgröße für den Einkauf die jährliche Kosteneinsparung/Preisreduzierung oder soll der Einkauf auch an zeit-, qualitäts- und flexibilitätsbezogenen Lenkungsgrößen gemessen werden, wie dies etwa für den Aufbau von langfristigen Lieferantenpartnerschaften mit länderübergreifenden Versorgungspunkten von Bedeutung ist?
- Setzen wir unsere Einkaufsmitarbeiter in erster Linie nur für das operative Einkaufsgeschäft (z. B. Bestellabwicklung) ein oder auch für die Neuausrichtung oder Optimierung der strategischen Beschaffungsaktivitäten (z. B. Global Sourcing)?
- Welche geographische Verteilung weisen unsere Bezugsquellen auf (Lieferantenstandorte) und was wissen wir über die Beschaffungsmärkte der jeweiligen Länder?
- Was wissen wir über das Beschaffungsvolumen unserer Wettbewerber (Volumen- und Kostenunterschiede, gemeinsame Schnittmenge und Synergiepotentiale, technologisch/rechtliche Restriktionen, etc.)?

- Haben wir mit unseren Wettbewerbern bereits ein gemeinsames, länderübergreifendes Beschaffungsnetzwerk aufgebaut?

Die Probleme ähneln sich: In den meisten Unternehmen ist das Beschaffungsmodell traditionell national oder sogar nur regional geprägt (siehe Abbildung 4 – 1).

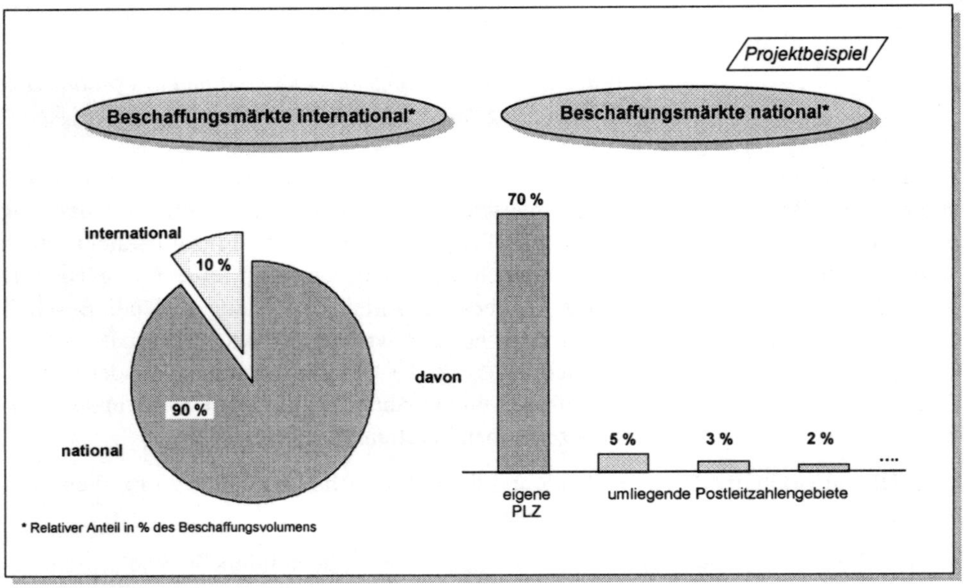

Abbildung 4 – 1: Traditionelle Beschaffungsmärkte

Vielen ist dies bewusst, sie kennen die Bedeutung einer internationalen Beschaffung, manche haben bereits Best-Practice-Konzepte entwickelt und trotzdem bleibt die Umsetzung dieser Maßnahmen schwierig. Gründe sind auf der einen Seite die Qualifikation der Mitarbeiter, auf der anderen Seite die mangelnde Kooperationsbereitschaft von nationalen Gesellschaften oder Niederlassungen („Regionalfürstentum").

Wer ein effektives Konzept für International Sourcing entwickeln will, muss sich mit folgenden Fragestellungen auseinander setzen:

- Welche internationalen Kostenvorteile (beispielsweise Lohnkosten) bestehen und wie lassen sie sich nutzen?
- Wie kommt man an die für ein internationales Beschaffungsmarketing relevanten Informationen (über Lieferanten etc.)?
- Wie sind die rechtlichen Bedingungen (für Verträge u. a.) in den Beschaffungsländern?

- Wie kann Versorgungssicherheit bei internationalen Lieferanten gewährleistet werden?
- Wie koordiniert man Beschaffung in einem internationalen Unternehmensnetzwerk?
- Wie können die Erfolge des International Sourcing gemessen werden?

In den nachfolgenden Fallstudien wird auf diese Fragestellungen eingegangen und Lösungsansätze erörtert:

- „Gesamteuropäische Beschaffung am Beispiel Reader's Digest" stellt die Möglichkeit von länderübergreifenden Kostenvorteilen, Kooperationsformen mit Lieferanten und die Notwendigkeit integrierter Systeme dar.
- Der Artikel „Anwendung des internationalen Beschaffungsinstrumentariums bei Lufthansa Technik (LHT)" stellt hierbei insbesondere auf organisatorische und vertragsrechtliche Belange ab.
- Der Beitrag „Optimierung der Einkaufsleistung in einer Post-Merger-Situation" mit zwei Beispielen aus der chemischen Industrie, geht vor allem auf die Koordination des Einkaufs in einem internationalen Netzwerk ein.

Es werden zwei grundsätzliche Dimensionen für die Zielsetzung eines internationalen Einkaufs unterschieden: Zum einen ein systematisches Einkaufsmarketing auf den europäischen Beschaffungsmärkten (Lufthansa Technik (LHT), Reader's Digest), zum zweiten die europaweite Koordination der Beschaffung innerhalb international tätiger Unternehmensnetzwerke an einem Beispiel aus der chemischen Industrie.

Systematisches Einkaufsmarketing auf den europäischen Beschaffungsmärkten strebt Wettbewerbsvorteile durch aktive Nutzung von internationalen Beschaffungsquellen an. Folgende Faktoren versprechen Erfolg:

- Nationale Unterschiede im Bereich Personal- und Materialkosten können zu erheblichen Preisvorteilen führen.
- International Sourcing kann einen Beitrag zur Reduzierung des Kursrisikos leisten.
- Life Cycle Costs bzw. Gesamtkostenbetrachtung stehen im Vordergrund. Die singuläre Betrachtung von Einstandspreisen bringt langfristig gesehen nur begrenzten Erfolg.
- Organisatorisch sind operative Tätigkeiten der Beschaffung (beispielsweise Abrufe) und strategischer Einkauf (Beschaffungsmarketing) zu trennen und durch cross-funktionale Teams zu koordinieren.
- Die Partnerschaften mit den Lieferanten sollten langfristig und vertrauensvoll gestaltet werden.
- Alle Standorte bzw. Unternehmen müssen mit einheitlichen und transparenten Datennetzen unter Ausnutzung der neuen Informationstechnologien arbeiten.

Eine **europaweite Koordination der Beschaffung innerhalb international tätiger Unternehmensnetzwerke** strebt die Bündelung des Einkaufs über Länder hinweg an. Dabei kommt es auf folgendes an:

- Eine länderübergreifende Volumenkonzentration vermindert die Einstandspreise. Die Nutzung von Kooperationen innerhalb des International Sourcing ist insbesondere für kleine und mittelgroße Unternehmen ein Mittel zur Volumenkonsolidierung (z. B. Lead-Buyer-Konzept).
- Unternehmensweite, cross-funktionale Teams werden eingerichtet und erarbeiten die Einkaufsvorteile.
- Unternehmensweit einheitliche Datennetze sind für die Konzentration des Gesamteinkaufsvolumens notwendig.

Entscheidend für die **Umsetzung eines internationalen Beschaffungsmodells** ist immer deren konsequente Ausrichtung an der Gesamtstrategie des Unternehmens, also das sogenannte Ambition Driven Sourcing (siehe Abbildung 4 – 2).

Abbildung 4 – 2: Ambition Driven Sourcing

Basierend auf der Unternehmensstrategie werden Teilstrategien erarbeitet und mit Zielgrößen versehen. Darauf aufbauend werden auf internationaler Ebene geeignete Maßnahmen entwickelt und durch cross-funktionale Teams umgesetzt. Eine Teilstrategie für die Beschaffung könnte beispielsweise lauten, den Umfang des International Sourcing zu erhöhen. Soll etwa die Zielgröße „Internationales Beschaffungsvolumen" von 30 % auf 70 % des Gesamtbeschaffungsvolumen erhöht werden, bei gleichem Qualitätsniveau und hoher Versorgungssicherheit, könnten folgende Maßnahmen zum Ziel führen:

- Kooperation in internationalen Einkaufszirkeln mit anderen Unternehmen,
- Nutzung der Einkaufsquellen von internationalen Tochter- oder Partnerunternehmen,
- Aufbau von Lieferanten in Niedriglohnländern,
- Beziehungen zu Zweit- und Drittlieferanten auch bei Schlüsselmaterialien, um Monopolsituationen zu vermeiden.

Diese Beschaffungshebel sind zielgerichtet und anwendungsspezifisch zu kombinieren. „Quick Wins" sind hierbei wichtig, zum einen für die Motivation der Mitarbeiter, zum anderen führen sie dem Topmanagement die Erfolgsträchtigkeit des Konzepts vor Augen. Alle Maßnahmen müssen permanent anhand der Zielsetzung auf ihren Nutzen überprüft und gegebenenfalls modifiziert oder ersetzt werden.

In den folgenden drei Fallstudien wird mit jeweils unterschiedlichen Ausgangssituationen und Problemstellungen auf die Vorgehensweise und Erfolge der Projekte eingegangen.

Abschließend stellt der Artikel „Innovative Automobilzulieferer – Erfolg im E-Business" neue, äußerst effektive Beschaffungsstrategien im elektronischen Netz vor.

4.1 Gesamteuropäische Beschaffung am Beispiel Reader's Digest

CHARLES MARLIER – READER'S DIGEST, PLEASANTVILLE, NEW YORK
ROY DAVIS – ARTHUR D. LITTLE LIMITED, LONDON

Reader's Digest ist das weltgrößte Buchversandhaus mit einem weltweiten Umsatz von etwa drei Milliarden Dollar. Es wurde Anfang der zwanziger Jahre in Pleasantville, New York, gegründet und hat sich mit seinen auflagenstarken Zeitschriften einen Namen gemacht. Im Laufe der Jahre hat das Unternehmen sein Sortiment erweitert, unter anderem um Buchzusammenfassungen, Bücher und Buchserien, Musik (CDs und Kassetten), Videos und Spezialzeitschriften. Reader's Digest hat weltweit 27 Millionen Kunden und große Verkaufsvolumina in den einzelnen Produktlinien. So hat beispielsweise alleine das Reader's-Digest-Magazin monatlich 100 Millionen Leser und erscheint in 43 verschiedenen Ausgaben in 19 Sprachen.

Alle Reader's-Digest-Produkte werden per Briefpost beworben. Mit Hilfe von Preisausschreiben oder Wettbewerben wird versucht, die Kunden zum Kauf von Reader's-Digest-Produkten zu bewegen. Jedes Jahr werden in Europa ca. 500 Millionen gezielt adressierte Werbebriefe in über 200 Großsendungen verschickt. Das Layout und der Inhalt der Briefe werden permanent auf die jeweiligen Werbekampagnen abgestimmt und nach den neuesten Erfahrungswerten hinsichtlich des Antwortverhaltens verändert. Im Durchschnitt besteht jeder Werbebrief aus 14 verschiedenen Teilen z. B. aus einem Umschlag, einem Rückumschlag für die Antwort, einem persönlichen Anschreiben, Klebeetiketten und Aktionsmaterial (wie Schlüssel oder Marken). Dies hat bei den Werbematerialien einen sehr hohen Variantenreichtum im Alltagsgeschäft des Unternehmens zur Folge.

Seit jeher konzentriert sich Reader's Digest stark auf die einzelnen Länder. Jedes Land entwickelt eigene Marketingfunktionen und Funktionen der Ausführung, wobei oft wenig Gemeinsamkeiten bei Werbeformaten, Produkten, Prozessen und Lieferanten bestehen. Als Teil einer Strategie, die darauf abzielt, die Kostenbasis zu reduzieren, um die gestiegenen Gewinne in neue Geschäftsfelder zu reinvestieren, hat sich das Unternehmen jetzt entschieden, Möglichkeiten zu überprüfen, um sein europäisches Sourcing zu verbessern. Weltweit gibt Reader's Digest ungefähr 1,5 Milliarden Dollar für Material und Dienstleistungen aus, 850 Millionen Dollar davon in Europa.

4.1.1 Das Konzept für die Neugestaltung der Beschaffung

Durch eine gesamteuropäische Untersuchung seiner Wertschöpfungskette (die gemeinsam mit Arthur D. Little durchgeführt wurde) identifizierte Reader's Digest vier Hauptansatzpunkte, um die Leistung seines Sourcing zu verbessern:

1. Länderübergreifend sollten konsistente Beschaffungsstrategien für Schlüsselmaterial und -dienstleistungen entwickelt werden.
2. In der Wertschöpfungskette sollten Best-Practice-Prozesse entwickelt werden.
3. Die gemeinsame Beschaffung und Produktion in ganz Europa war zu steigern.
4. Die organisatorischen Systeme sollten integriert werden, um die nötigen Voraussetzungen hierfür zu schaffen.

Werbung ist der komplexeste und anspruchsvollste Teil im Geschäft von Reader's Digest. Mit 15 voneinander getrennten Länderorganisationen in Europa wurde er – wegen der kulturellen Unterschiede – als größte Herausforderung angesehen. Aus diesem Grund wurde die Werbung als Pilotobjekt für die Implementierung eines Lieferantenentwicklungsprogramms ausgewählt. Die Ausgaben für Werbematerialien und -dienstleistungen betrugen zum Startzeitpunkt des Projekts ungefähr 170 Millionen Dollar. Erklärtes Ziel war, die Beschaffung allen Werbematerials und aller Werbedienstleistungen länderübergreifend zu analysieren und zu bewerten, wo eine solche länderübergreifende Planung und Koordination tatsächlich Wert generieren kann.

Im einzelnen bedeutete dies

- die Gesamtkosten für Werbematerialien (Anschreiben, Prospekte, Umschläge, Etiketten, Aktionsmaterial etc.) in kurzer Zeit um drei bis fünf Millionen Dollar zu reduzieren (Quick Wins),
- tragfähige, verbesserte Prozesse zur Kostenreduzierung zu entwickeln,
- mit weniger Lieferanten zu arbeiten,
- die Verpflichtung der Lieferanten gegenüber Reader's Digest zu stärken,
- länderübergreifende und gesamteuropäische Fähigkeiten bei den Lieferanten zu entwickeln,
- den Wettbewerb zu stärken,
- zukünftige länderübergreifende Beschaffungsstellen zu entwickeln, mit dem Ziel, höhere Leistungsniveaus zu erreichen und zu halten,
- den Nutzen in die Länderbudgets zu integrieren.

Das Projekt war für eine Dauer von sechs Monaten geplant und enthielt sechs Stufen. Diese Stufen wurden überlappend gruppiert, in eine Phase zur Verkleinerung der Lieferantenbasis (Stufen I bis IV) und eine Phase zur Beschaffungsneuorganisation und zur Prozessentwicklung (Stufen V und VI). Der Gesamtansatz ist in Abbildung 4.1.1 – 1 gezeigt:

Ein gemeinsames Reader's-Digest-/Arthur D. Little-Team, das in London zusammentraf, wurde gebildet. Die Mitglieder von Reader's Digest kamen aus Frankreich, Deutschland, Großbritannien und den USA und repräsentierten entsprechende Waren- und Länderverantwortlichkeiten. Die Mitglieder des Beraterteams entsprachen diesen Zuständigkeiten.

Jede Stufe des Prozesses beinhaltete vorher definierte spezifische Ziele und Ansätze.

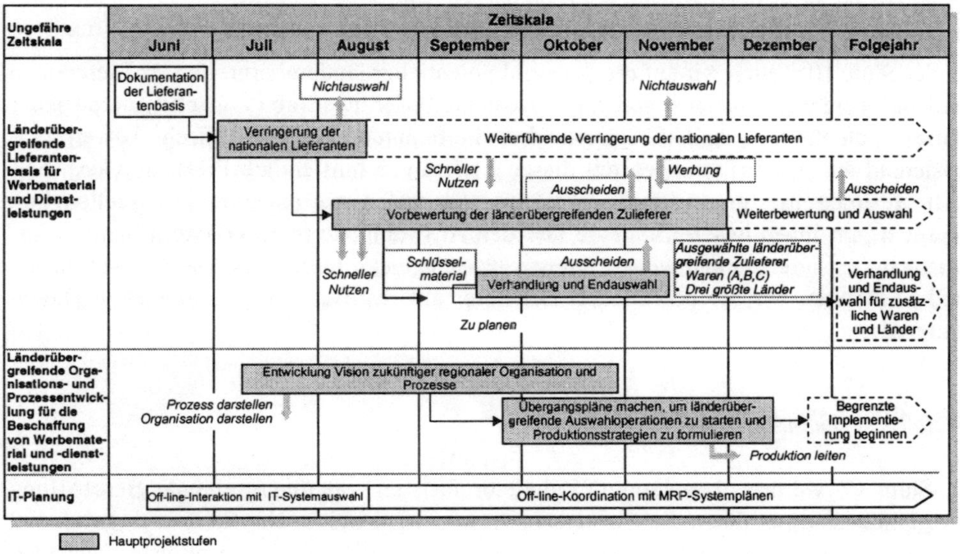

Abbildung 4.1.1 – 1: Gesamtansatz – Verkleinerung der Lieferantenbasis und Neuorganisation

Stufe I: Die Dokumentation der Lieferantenbasis

Das Ziel dieser Stufe war, sämtliche aktiven Lieferanten nach Ländern geordnet zu ermitteln, Informationen über jeden Lieferanten zu sammeln und die beschafften Waren und Dienstleistungen in relevante Gruppen zu sortieren. Um diese Ziele zu erreichen, wurde eine Kombination aus Datensammlung und Analyse verwendet, ein Workshop strukturierte die Materialien.

Stufe II: Die Reduzierung der Lieferantenbasis in den einzelnen Ländern

In dieser Stufe ging es darum, allen Zulieferern von Reader's Digest unsere Absichten klar zu machen, unmittelbare Einsparungen zu realisieren und die Zahl der Lieferanten zu reduzieren. Dazu führten wir eine detaillierte Analyse der nationalen Lieferantenbasis durch. Die Zulieferer in den einzelnen Ländern wurden ermittelt und wir sprachen mit ihnen über einen möglichen Lieferantenwechsel. Alle Lieferanten wurden formal benachrichtigt, mit „ausgewählten" Lieferanten verhandelten wir, um binnen kurzer Zeit Einsparungen zu erreichen.

Stufe III: Vorläufige Evaluation länderübergreifender Lieferanten

In der Stufe III zielten wir auf die Auswahl potentieller länderübergreifender Lieferanten und das Erreichen weiterer sofortiger Kostenreduzierungen ab. Zunächst wurde jeder dieser potentiellen länderübergreifenden Lieferanten länderspezifisch bewertet – basierend auf den Erfahrungen mit diesen Lieferanten hinsichtlich Preis, Service, Qualität, Termintreue, Innovationsfähigkeit etc. Wir trafen uns mit allen potentiellen Lieferanten, um ihnen unsere Strategie und den Auswahlprozess zu erläutern, neue Informationen zu sammeln und weitere Preisreduzierungen zu fordern. Schließlich verglichen und bewerteten wir die potentiellen Zulieferer auf der Basis des gesammelten Datenmaterials.

Stufe IV: Verhandlung und Endauswahl

In Stufe IV wurden „bevorzugte" Zulieferer für die länderübergreifende Beschaffung ausgewählt und mit ihnen die günstigsten Preise ausgehandelt. Hierfür konstruierten und verteilten wir „Preisgitter", die von allen auf der verkürzten Auswahlliste stehenden Lieferanten ausgefüllt werden mussten. Als Preisgitter werden Bepreisungsmechanismen (z. B. Preis = Menge x Variable Kosten + Rüstkosten) bezeichnet, die es überflüssig machen, von den Lieferanten permanent Angebote einzuholen. Wir trafen uns mit den Lieferanten, um mit ihnen ihre Vorlagen zu diskutieren, führten eine abschließende Zuliefererbewertung durch und wählten die länderübergreifenden Lieferanten aus.

Stufe V: Entwicklung einer zukünftigen länderübergreifenden Organisation und Prozessvision

Das Ziel dieser Stufe bestand darin, die Prozesse und Ressourcen so anzuordnen, dass die länderübergreifende Beschaffung unterstützt wird, und sich die Beschäftigten in der Produktion und Beschaffung der einzelnen Länder dafür engagierten. Diese Ziele wurden durch Workshops und Treffen mit dem Kernteam, dem Management in den einzelnen Ländern sowie den Mitarbeitern und Lieferanten erreicht.

Stufe VI: Planung des Übergangs und Ausweitung

In Stufe VI sollte der länderübergreifende Einkauf zunächst auf handhabbarem Niveau implementiert werden, um den Erfolg zu sichern und die kontrollierte und logische Ausweitung planen zu können, was wiederum in Workshops und Treffen mit Management, Mitarbeitern und Lieferanten erreicht wurde.

4.1.2 Die neue Beschaffungsstrategie für Werbematerialien

Die Analyse der anfänglichen Lieferantenbasis ergab, dass die 15 europäischen Reader's-Digest-Firmen 468 Lieferantenbeziehungen für Werbematerial und -dienstleistungen mit 314 einzelnen Lieferanten unterhielten, von denen nur zwischen 50 und 60 mehrere Reader's-Digest-Firmen belieferten. Dies entspricht einem Durchschnitt von 52 Zulieferern in jeder der sechs großen Kategorien für Werbematerial – Umschläge, Anschreiben, Kataloge und Prospekte, Etiketten, Aktionsmaterial und sonstige beschaffte Dienstleistungen. Die Mehrheit (81 %) der identifizierten Lieferanten für Werbematerial und -dienstleistungen belieferte ausschließlich ein Reader's-Digest-Unternehmen, wie in Abbildung 4.1.2 – 1 dargestellt ist.

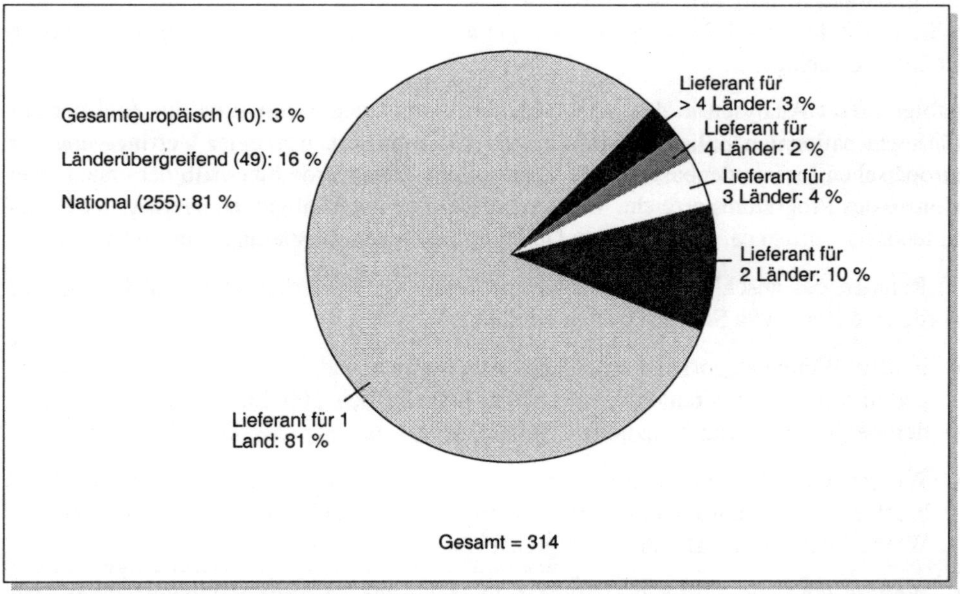

Abbildung 4.1.2 – 1: Analyse der Lieferantenbasis

Interessanterweise entfallen auf länderübergreifende und gesamteuropäische Zulieferer 60 % der gesamten Ausgaben für Werbematerial, wogegen auf die 81 % der nationalen Zulieferer nur 40 % dieser Ausgaben entfallen.

Die entwickelte Beschaffungsstrategie besteht aus vier Schlüsselelementen:

1. Rein nationale Zulieferer, die nur mit einem Land Geschäfte abwickeln und nur einen kleinen Teil der Ausgaben in ihrer Warenkategorie einnehmen, müssen entweder Volumen und geographische Abdeckung vergrößern oder ausscheiden.

2. Rein nationale Lieferanten, die einen großen Teil der Ausgaben in ihrer Warenkategorie einnehmen, müssen entweder ihre geographische Abdeckung vergrößern oder damit rechnen, auszuscheiden.

3. Zulieferer, die Geschäfte mit mehr als einem Land abwickeln, aber nur einen kleinen Umfang der Ausgaben in ihrer Warenkategorie einnehmen, müssen ihr Geschäftsvolumen vergrößern oder damit rechnen, auszuscheiden.

4. Lieferanten, die einen wesentlichen Teil der europaweiten Ausgaben in ihrer Warenkategorie einnehmen (oder abdecken können), werden weiterhin Aufträge bekommen.

Auf jede Werbematerialkategorie wendeten wir unsere grundsätzliche Beschaffungsstrategie anhand der Analyse der Lieferantenbasis an und ermittelten, in Übereinstimmung mit den Mitarbeitern der einzelnen Länder, nationale Lieferanten, die ausscheiden sollten. Abbildung 4.1.2 – 2 zeigt das Ergebnis einer typischen Lieferantenbasisanalyse für Briefumschläge.

Infolge dieser Analysen in den verschiedenen Warenkategorien wurde die Zahl der zukünftigen nationalen Zulieferer von 255 auf 136 reduziert, was einer Verringerung der europäischen Lieferantenbasis um 40 % entspricht. Dies wurde innerhalb der ersten zwei Monate des Programms erreicht. Während dieser noch vorläufigen Bewertung der Lieferantenbasis wurden ca. 2,5 Millionen Dollar an jährlichen Einsparungen ausgehandelt.

Im Rahmen des anschließenden Auswahlprozesses für länderübergreifende Lieferanten wurde eine Reihe von Schlüsselzielen erreicht.

- In den Warenkategorien Umschläge, Anschreiben und Kataloge/Prospekte verringerten wir die Lieferantenbasis von den ursprünglich 200 Lieferanten auf 40 länderübergreifende und 25 nationale Zulieferer.

- Wir erreichten bei allen Lieferanten, dass Preisgitter erstellt wurden, die die althergebrachte Verhandlungsmethode und das langwierige Angeboteeinholen bei besonderen Werbe- und Versandaktionen erfolgreich ersetzten.

- Weitere jährliche Kosteneinsparungen in Höhe von ca. drei Millionen Dollar sind gesichert worden.

Die Zahl der nationalen Lieferanten wurde reduziert:

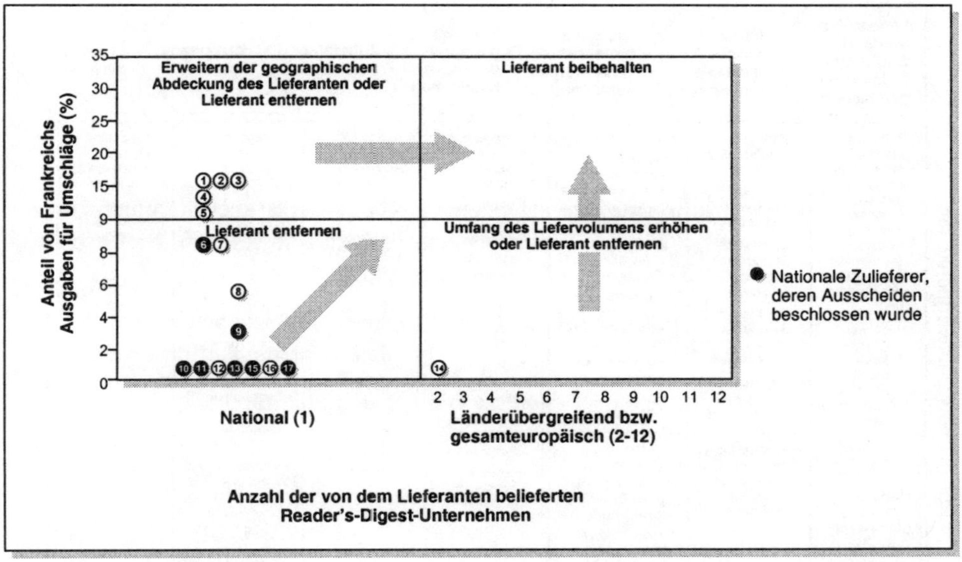

Abbildung 4.1.2 – 2: Lieferantenanalyse

- Länderübergreifend wurde eine dreiteilige Beschaffungsstrategie festgelegt:

  Zum ersten die **angeordnete** Beschaffung, bei der den Ländern „vorgegeben" ist, bei welchen länderübergreifenden Lieferanten bestellt werden muss. Damit erreicht Reader's Digest eine Maximierung seiner gesamteuropäischen Einkaufsmacht.

  Zum zweiten die **geführte** Beschaffung. Hierbei wurde den Ländern eine kurze Auswahlliste der zugelassenen länderübergreifenden Lieferanten gegeben, die der Auftragsvergabe zugrunde liegt.

  Zum dritten die **qualifizierte** Beschaffung. Hier verfügen die Länder über eine Liste der qualifizierten länderübergreifenden und nationalen Zulieferer, von denen sie jederzeit kaufen können.

Schließlich entwickelten und implementierten wir eine länderübergreifende Organisation und definierten zukünftige länderübergreifende und nationale Rollen in der Beschaffung. Diese sind in Abbildung 4.1.2 – 3 dargestellt.

Organisation des strategischen Einkaufsmanagements:

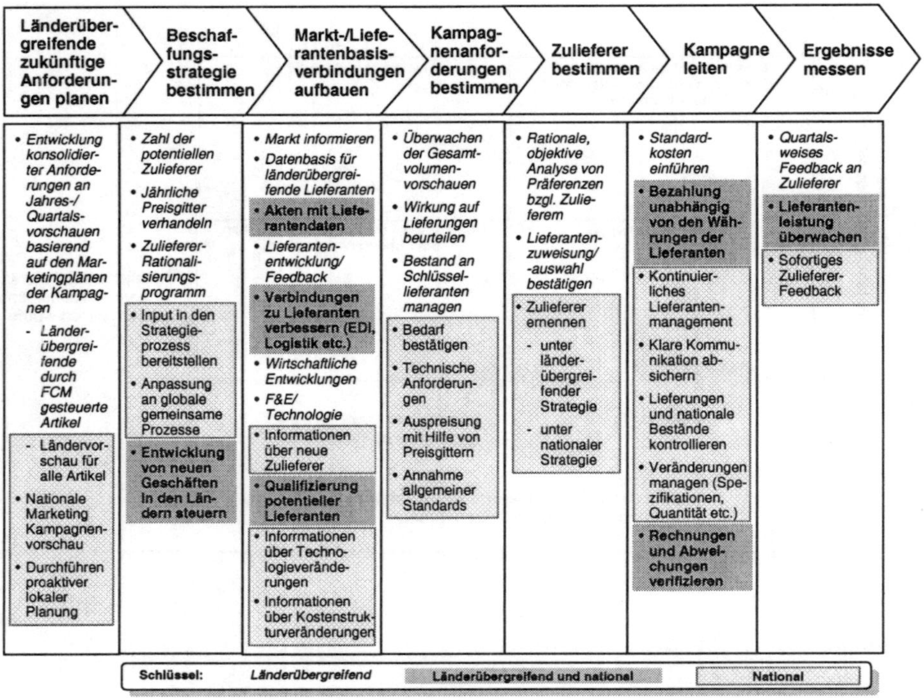

Abbildung 4.1.2 – 3: Design der zukünftigen länderübergreifenden Organisation und Prozesse

Die wesentliche Aufgabe der länderübergreifenden Organisation war es, mit den nationalen Organisationen zusammenzuarbeiten, um das strategische Einkaufsmanagement auf die europäischen Gesamtausgaben von Reader's Digest auszuweiten. Die Gruppe bestand (und besteht noch) aus ungefähr 15 Einkaufsmanagern mit länderübergreifenden Verantwortlichkeiten und Warenverantwortlichkeiten, die versuchen, die Einkaufsmacht zu maximieren und Veränderungen in der Struktur der Wertschöpfungskette, Technologien und interne Anforderungen zu verstehen.

Für die Zukunft wurden zusätzlich zur unmittelbar erreichten Verringerung der Lieferantenzahl und der Kosten weitere realisierbare Kostensenkungspotentiale in einem Gesamtumfang von etwa 20 Millionen Dollar ermittelt. Hierzu gehörten Bemühungen, die Zahl der Warenspezifikationen zu reduzieren, beispielsweise Papierstärken zu verändern oder Herstellungsprozesse wie den Druck von Umschlägen z. B. vom Litho- auf das Flexoverfahren umzustellen.

4.1.3 Erfolgsfaktoren

Aus der Erfahrung dieses Projekts heraus empfehlen wir, folgende Punkte zu berücksichtigen, damit ähnliche Umstrukturierungen Erfolg haben können. Die Einführung einer länderübergreifenden Beschaffung wird in einer Organisation, an der mehrere Länder mit ihrer jeweils eigenen Kultur beteiligt sind, anfänglich stets als Bedrohung für die nationale Eigenständigkeit angesehen. Es ist deshalb von größter Bedeutung, die entsprechende Akzeptanz bei allen Beteiligten als Basis für den Erfolg eines solchen Projekts zu schaffen. Maßgeblich für die Schaffung dieser Akzeptanz ist es, den Nutzen des Projekts allen Teilen der Organisation klar und überzeugend zu vermitteln. Um mit begrenzten Ressourcen einen größtmöglichen Nutzen in minimaler Zeit realisieren zu können, müssen die Prioritäten in denjenigen Warengruppen gesetzt werden, in denen der größte Nutzen vermutet wird. Darüber hinaus muss während der gesamten Projektdauer eine permanente Abstimmung und Kommunikation mit den betroffenen Mitarbeitern stattfinden. Obwohl dies einen erheblichen Zeitaufwand bedeutet, kann nur eine solche Vorgehensweise sicherstellen, dass eine tragfähige und für das gesamte Unternehmen optimale Lösung erreicht wird.

4.2 Eine Fallstudie über die Anwendung des internationalen Beschaffungsinstrumentariums bei Lufthansa Technik (LHT)

CHRISTOPH MEYERROSE – LUFTHANSA TECHNIK AG, HAMBURG
MANFRED HUPFAUER – ARTHUR D. LITTLE LIMITED, LONDON

Vom Warengruppenmanagement eines standortbezogenen Zentraleinkaufs zu internationalem Beschaffungsmarketing – das bedeutet nicht etwa nur eine stärkere Bündelung der Einkaufsmengen oder Lieferantenwechsel. Vielmehr sind hierfür die organisatorischen Rahmenbedingungen zu schaffen, um darauf aufbauend leistungsfähige Werkzeuge und Konzepte im Sinne eines internationalen Beschaffungsinstrumentariums anwenden zu können.

Das war auch das Ziel der Lufthansa Technik (LHT), einem weltweit führenden Wartungs- und Instandhaltungsdienstleister für zivile Verkehrsflugzeuge und deren Komponenten mit einem jährlichen Beschaffungsvolumen von mehr als einer Milliarde Mark. Für den Einkaufsleiter war die Ausgangssituation klar: „Wir zerreiben uns in den alltäglichen Arbeitsabläufen, ohne uns auf die wirklich wichtigen Dinge konzentrieren zu können. Lufthansa Technik muss ihren Einkauf neu organisieren. Die Mitarbeiter sollen an das neue Aufgabenprofil herangeführt werden, sie brauchen mehr methodisches Know-how, um die Chancen für Einkaufsvorteile auf den globalen Beschaffungsmärkten erkennen und wahrnehmen zu können!" Und bezüglich möglicher Kooperationen mit anderen Marktteilnehmern erkannte er: „Wir stehen als Betreiber und Instandhalter von Flugzeugen wenigen Anbietern und einer strengen Luftfahrtbehörde gegenüber. Das Einkaufsvolumen unserer Wettbewerber lässt eine hohe Schnittmenge mit unserem eigenen vermuten. Trotzdem stehen unsere gemeinsamen Aktivitäten zur Stärkung der Abnehmermacht und zur weltweiten Beschaffungsmarktbearbeitung noch am Anfang!"

Die Aufgabenstellung bestand dementsprechend in einer Stärkung der Einkaufsfunktion und umfasste folgende konzeptionelle Schritte (siehe Abbildung 4.2 – 1):

- Die Erarbeitung eines organisatorischen Rahmenkonzepts und damit die Neugestaltung beschaffungsrelevanter Prozesse und deren Einbettung in eine Strukturorganisation, die ein globales Beschaffungsmarketing unterstützt.
- Die Erstellung eines Personalkonzepts für alle Einkaufseinheiten, das die Anzahl sowie das Aufgaben- und Qualifikationsprofil der Mitarbeiter enthält.
- Die Ableitung einer Beschaffungsstrategie, die für die einzelnen Material- und Dienstleistungsgruppen das Beschaffungsinstrumentarium auf seine Anwendbarkeit überprüft und geeignete Beschaffungshebel auswählt.

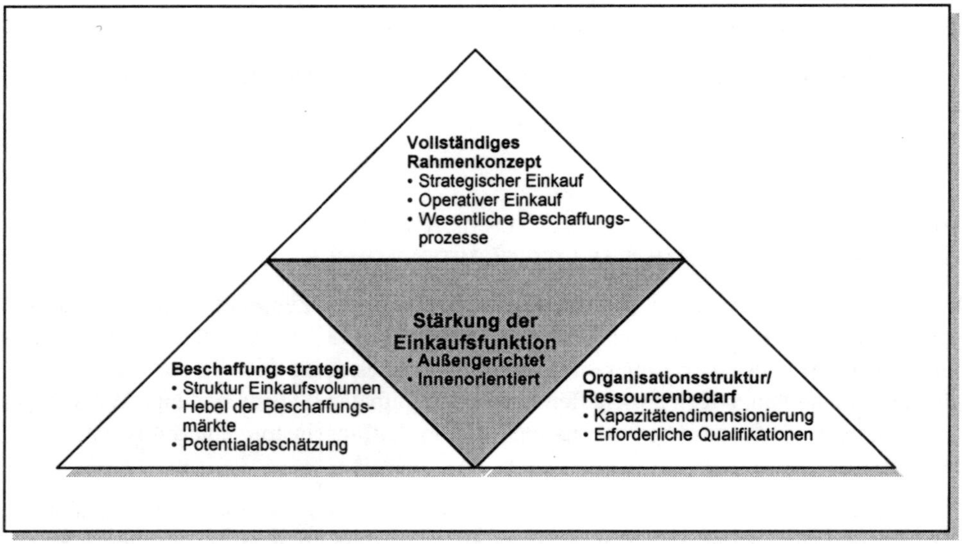

Abbildung 4.2 – 1: Konzeptionelle Schritte zur Stärkung der Einkaufsfunktion

Die Vorgehensweise bei der LHT gliederte sich grob in zwei Phasen: In einem ersten Abschnitt erfolgte die Neustrukturierung der Prozesse, an die sich eine Veränderung der Einkaufsstruktur anschloss. Darauf aufbauend wurde die neue Beschaffungsstrategie abgeleitet und damit die Anwendung des Beschaffungsinstrumentariums für das gesamte Einkaufsvolumen definiert (siehe Abbildung 4.2 – 2).

4.2.1 Die Reorganisation des Einkaufs

Um den gestiegenen Kundenbedürfnissen besser gerecht werden zu können, hatte sich das Unternehmen in der jüngsten Vergangenheit zunehmend prozessbezogen und dezentral organisiert. Hierzu wurden in einem ersten Schritt die Materialplanungsfunktionen dezentralisiert und in die ergebnisverantwortlichen Produktbereiche integriert. Demgegenüber war der zentrale Einkauf immer noch rein sachbezogen organisiert. Diese Aufgabenverteilung hatte zur Folge, dass der Zentraleinkauf seine Kapazitäten primär auf die Bewältigung aktueller, kurzfristiger Beschaffungsvorgänge konzentrierte. Aktivitäten mit übergreifenden Wirkungen mussten verschoben werden oder konnten nur punktuell bearbeitet werden. Der kurzfristig-operativen Abwicklung war also insgesamt die Präferenz gegeben worden vor einer langfristig-strategischen Neuausrichtung.

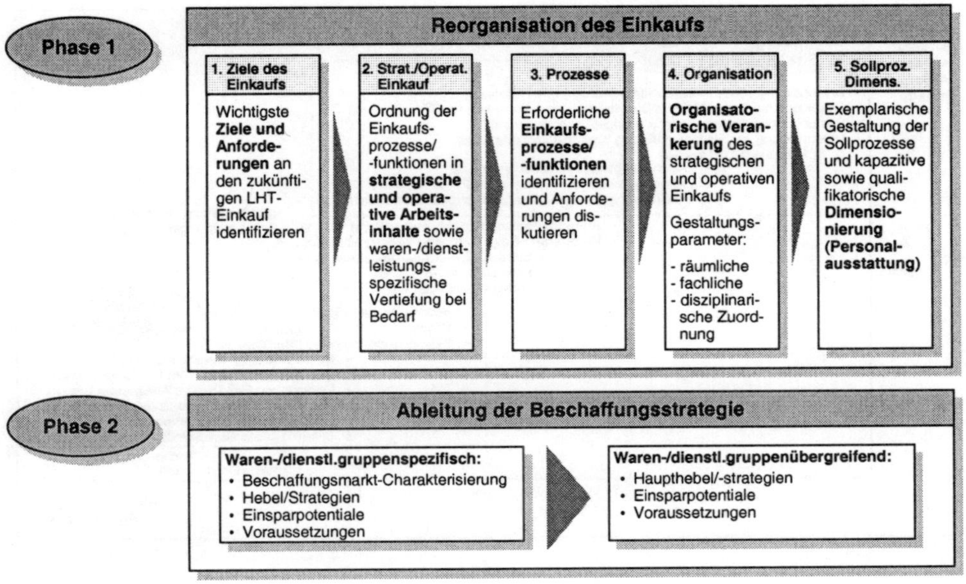

Abbildung 4.2 – 2: Vorgehensweise zur neuen Beschaffungsstrategie

Für eine geeignete Organisationsform wurden folgende Anforderungen und Ziele definiert, denen die künftige Struktur gerecht werden sollte:

- Kostenoptimaler Service für die internen Bereiche von der Bedarfsanforderung bis zur Verfügbarkeit,
- Stärkung der Einkaufsmacht, um Einkaufskosten zu reduzieren und die Einkaufskonditionen für das gesamte Beschaffungsvolumen zu verbessern,
- Kompetenzbündelung im Sinne eines leistungsfähigen, aktiv nachgefragten Dienstleisters für die Geschäftsbereiche zur Unterstützung der einkaufsbezogenen Strategiefindung und -umsetzung,
- Verbesserung der Transparenz der globalen Beschaffungsmärkte und eine bewusste Infragestellung der bisherigen Beschaffungsquellen,
- Erhöhung der eignen Flexibilität zur Anpassung an Marktveränderungen und die Nutzung der daraus resultierenden Chancen.

Zuerst wurden sämtliche Einkaufstätigkeiten identifiziert und in operative und strategische Aufgaben untergliedert (siehe Abbildung 4.2.1 – 1). Eine effektive und effiziente Bearbeitung dieser Aufgaben setzt geeignete Prozesse voraus, für die drei verschiedene Kernleistungsprozesse definiert wurden:

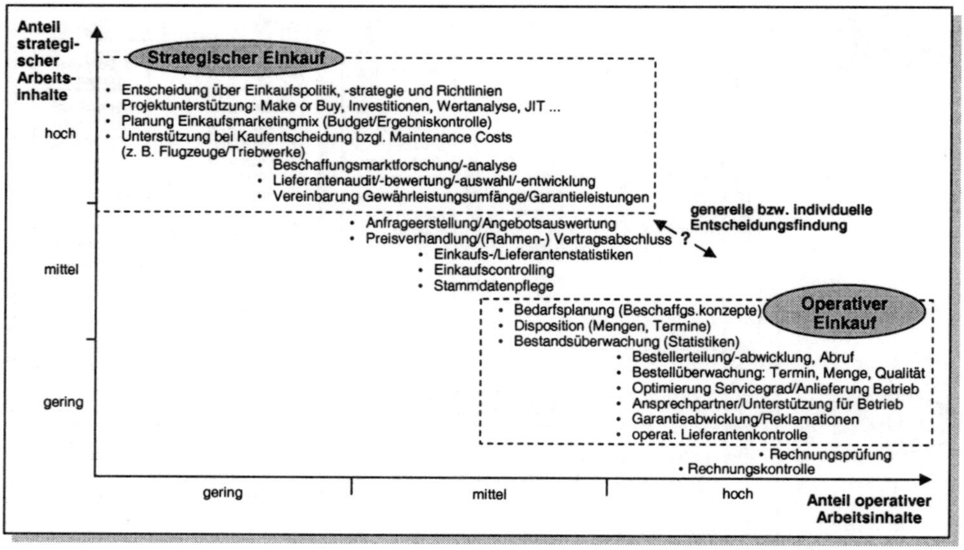

Abbildung 4.2.1 – 1: Strategische und operative Einkaufsprozesse und -funktionen

1. Der Beschaffungsprozess hat die Sicherstellung des Versorgungsziels zum Inhalt und bündelt operative Aktivitäten, wie Materialdisposition, Bestellabwicklung, Terminverfolgung und Rechnungsprüfung. Im Vordergrund steht die effiziente Abwicklung von sich ständig wiederholenden Beschaffungsaktivitäten.
2. Der Einkaufsprozess hat die Verbesserung der Einkaufskonditionen für wiederkehrende Entscheidungssituationen sicherzustellen. Hierzu gehört etwa die Lieferantenauswahl, der Abschluss von Mehrjahresverträgen oder die regelmäßige Beschaffungsmarktüberprüfung.
3. Die Durchführung von einmaligen Beschaffungsprojekten mit langfristiger Wirkung, wie die Einführung standortübergreifender Lieferantenpyramiden oder internationaler Versorgungsnetzwerke.

Für alle drei Kernleistungsprozesse wurde je ein Sollprozess entwickelt, der sich auf wertschöpfende Aktivitäten reduziert und die am Prozess beteiligten Aufgabenträger neu definiert. Zielsetzung war hierfür eine Aufgabenbündelung im Sinne des Process-Owner-Prinzips, eine Minimierung der am Prozess Beteiligten und der damit verbundenen Schnittstellen sowie eine geeignete Systemunterstützung, die einen flexiblen Zugriff auf aktuelle Daten ermöglicht.

Hierfür wurden die routinemäßig abarbeitbaren Beschaffungsprozesse in die operativen, ergebnisverantwortlichen Leistungseinheiten eingebunden. Jeder dieser Geschäftsbereiche sollte hierfür einen operativen Einkauf integrieren, der in enger Abstimmung mit den Materialplanungsfunktionen wirkt. Demgegenüber wurden die Einkaufsprozesse und die

Durchführung von Beschaffungsprojekten in einem strategischen Einkauf zusammengeführt, der im Sinne einer Kompetenzbündelung einkaufsorientierte Dienstleistungen für die Geschäftsbereiche erbringt. Dieser strategische Einkauf ist gekennzeichnet durch:

- eine weitgehend feste Zuordnung von strategischen Einkäufern mit spezifischer Beschaffungsmarktkenntnis zu den einzelnen Geschäftsbereichen und Lieferanten sowie
- einigen strategischen Einkäufern ohne feste Bereichszuordnung, die das Supply Chain Management unterstützen und Servicefunktionen wahrnehmen, wie die Analyse der Einsatzmöglichkeiten von Internet, Intranet oder Purchasing Card.

Nach der Gestaltung der Sollprozesse und der Strukturorganisation ging es an die Dimensionierung der personellen Kapazitäten. Für die operativen Einkaufseinheiten war die Abschätzung vergleichsweise einfach, weil sich die Prozesshäufigkeit und die Ressourcenbindung zur Abarbeitung der Sollprozesse zuverlässig abschätzen ließ und sich die Streubreite wegen des hohen Standardisierungsgrades der Routineprozesse in Grenzen hielt.

Dagegen war die Dimensionierung des strategischen Einkaufs von Unsicherheiten geprägt, weil sich im voraus nicht bestimmen ließ, wie umfangreich die Nachfrage an konzeptionellen Dienstleistungen bzw. an strategischen Einkaufsleistungen seitens der einzelnen Geschäftsbereiche sein würde. Außerdem unterschied sich das Aufgabenprofil des künftigen strategischen Einkäufers deutlich von dem des bisherigen Zentraleinkäufers, sodass anfangs nicht genügend Einkäufer mit ausreichendem Qualifikationsniveau zur Verfügung standen. Dieser Engpass wurde entschärft durch Personalzuführung von anderen nationalen und internationalen Standorten des Unternehmens sowie durch selektive Beschaffung von externem Personal, das über Erfahrung in der globalen Beschaffungsmarktbearbeitung verfügt.

Durch die Aufteilung des ehemaligen Zentraleinkaufs in operative, dezentrale Einheiten sowie einen strategischen Einkauf war eine Struktur gegeben, die es ermöglichte, die Ressourcen im strategischen Einkauf ausschließlich auf übergeordnete Fragestellungen zu lenken, ohne in permanenter Konkurrenz zu den Notwendigkeiten des Tagesgeschäfts zu stehen.

4.2.2 Die Anwendung des internationalen Beschaffungsinstrumentariums

Parallel zur organisatorischen Umsetzung nahm der strategische Einkauf seine Arbeit zur Entwicklung der Beschaffungsstrategie auf. Hierfür wurde zuerst das gesamte Beschaffungsvolumen in Material- und Dienstleistungsgruppen gegliedert. Des Weiteren wurden die bekannten Beschaffungshebel, beispielsweise

- Make-or-Buy-Entscheidung bei weltweit verteilten Leistungseinheiten,
- Global Sourcing und Optimierung des Lieferantenportfolios,

- standortübergreifende Verbundeffekte,
- Kooperationen und Allianzen mit anderen Marktteilnehmern

auf ihre Anwendbarkeit in der Luftfahrtindustrie und im standortübergreifenden, internationalen Kontext geprüft und selektiert. In einem nächsten Schritt wurden dann die ausgewählten Beschaffungshebel den abgegrenzten Material- und Dienstleistungsgruppen gegenübergestellt und eine Potentialabschätzung vorgenommen (Feasibility Study and Cost Benefit Analysis).

In der gemeinsamen Diskussion mit den jeweiligen Geschäftsbereichen als den internen Kunden wurde eine Rangfolge dieser strategischen Einkaufsaktivitäten erarbeitet. Sie bildete den Ausgangspunkt für den Einsatz der Mitarbeiter im strategischen Einkauf.

Im Rahmen des hier vorgestellten Projekts wurden zwei Pilotbereiche ausgewählt, die durch einen internationalen Wirkungsbereich gekennzeichnet waren. An ihnen sollte die neue Beschaffungsstrategie getestet und als Exempel statuiert werden. Pilotbereich I war die Fremdvergabe von Instandhaltungstätigkeiten an Luftfahrzeugen an weltweit verteilten Standorten.

Pilotbereich II bestand in der Erarbeitung von Beschaffungskonzepten mit internationalen Zulieferern, die ausgewählte Warengruppen bei geringen Bewirtschaftungs- und Distributionskosten optimal für länderübergreifende Verbrauchsstandorte bereitstellten.

4.2.3 Pilotbereich I: Fremdvergabe von Instandhaltungstätigkeiten an weltweit verteilten Standorten

Die Hauptfragestellung des Pilotprojekts I war, nach welchen wirtschaftlichen, technischen und strategischen Gesichtspunkten eine Fremdvergabe sinnvoll ist. Zudem musste geklärt werden, wie sichergestellt werden kann, dass externe Dienstleister die Leistung pünktlich und den Qualitätsansprüchen gemäß ausführen.

Zuerst wurde die geographische Verteilung der Instandhaltungsstützpunkte analysiert. Ergebnis: Auf mehr als 150 Stationen weltweit wurden an mehr als 25 Stationen externe Dienstleister beauftragt – meistens waren Kapazitäts- und Terminengpässe der Grund für die Fremdvergabe. Technologische, know-how-bezogene oder wirtschaftliche Gründe waren weniger häufig der Auslöser.

Außerdem wurden folgende Hauptschwachstellen der Ausgangssituation erkannt:

- Häufig herrschte Termindruck, vor allem wenn an Standorten kurzfristig Instandhaltung erforderlich war, an denen die LHT keine eigenen Instandhaltungsstützpunkte betreibt.
- Teilweise war die Auswahl international agierender Auftragnehmer wenig transparent, was wiederum den Aufbau von strategischen Lieferantenbeziehungen erschwerte.

- Die Verträge waren uneinheitlich und es gab nur wenige Standardverträge, wodurch sich problematische Durchlaufzeiten von mehreren Wochen ergaben.
- Teilweise unpräzise Qualitätsparameter sowie Optimierungsmöglichkeiten im Bereich der Vergabe und des Vergabecontrollings.
- Die Erfassung und das Monitoring vorhandener Abnahmemängel war nicht optimal gestaltet, insbesondere bei der Übernahme des Luftfahrzeugs an Standorten, an denen die LHT keine eigenen Instandhaltungsstützpunkte betreibt.

Um diesen Defiziten zu begegnen, wurden drei Bereiche optimiert:

1. Bei der Auftragsvergabe war eine schnelle Auswahl aus einem Netzwerk qualifizierter Instandhalter für die verschiedenen Standorten nötig, wozu eine **Subkontraktorliste** erarbeitet wurde. Hierfür wurde die technologische und know-how-bezogene Leistungsfähigkeit betrachtet (Capability einschließlich Qualitätsaudit) die für die verschiedenen Checks und Typen von Luftfahrzeugen erforderlich ist, was vor dem Hintergrund behördenseitiger Forderungen besondere Bedeutung hat. Darauf aufbauend wurden die Anbieter bezüglich ihrer Preise für definierte Vergabepakete verglichen. Nur wenn ein Instandhalter für sämtliche Prüfpunkte ein positives Profil bieten konnte, erfolgte seine Aufnahme in die Liste. Am Ende lag eine Subkontraktorliste vor, die technisch und wirtschaftlich attraktive Dienstleister sowie den möglichen Leistungsumfang für die einzelnen Instandhaltungsstützpunkte auswies. Wenn also irgendwo auf der Welt eine Lufthansa-Maschine instandgehalten werden muss, können mit der Subkontraktorliste kurzfristig die Handlungsalternativen abgewogen und schnell Entscheidungen getroffen werden.
2. Einer der Hauptgründe für zeitliche Engpässe bei der Vergabe von Instandhaltungsarbeiten lag darin, dass auch für Checks mit bekanntem, wiederkehrendem Leistungsumfang nur unzureichend auf Vertragspassagen mit definiertem Inhalt zurückgegriffen werden konnte. Hierfür wurden **Standardverträge** gestaltet, die aus einem auftragsunabhängigen und aus einem auftragsabhängigen Vertragsteil bestehen. Der auftragsunabhängige Teil regelt u. a. die generellen Rechte, Pflichten und Verantwortlichkeiten seitens der LHT und des Auftragnehmers, sowie die Abnahmebedingungen. All dies ist bei Fremdvergaben weitgehend identisch und damit standardisierbar. Die Spezifikation der Arbeitspakete für den konkret anstehenden Auftrag erfolgt hingegen im auftragsabhängigen Vertragsteil. Hierin werden etwa das konkrete Luftfahrzeug, der Ort der Instandhaltungsdurchführung, die Arbeitsinhalte, die Konditionen und Vertragsstrafen definiert. Dieser Vertragsteil ist an das konkrete Vergabeereignis anzupassen und nur indirekt über Textbausteine standardisierbar. Im Ergebnis wurde hierdurch:

- die Bearbeitungszeit für die Vertragsgestaltung deutlich reduziert, wodurch vermehrt Zeit zur Verfügung stand, durch Vergabeverhandlungen mit den international tätigen Anbietern der Subkontraktorliste Preisvorteile zu erzielen,
- die Vollständigkeit der Vertragspunkte sichergestellt, was insbesondere für Dienstleister an geographisch entlegenen Standorten wichtig ist, die nur selten in Anspruch genommen werden.

3. Schließlich ging es darum, ein **Entscheidungsinstrument** zu finden, das für unterschiedliche Situationen die Vorteilhaftigkeit einer möglichen Fremdvergabe ermitteln kann. Hierfür wurden drei Entscheidungssituationen unterschieden:
   - Als Instandhalter kommen nur externe Dienstleister in Frage, weil das Luftfahrzeug an einem Ort ist, an dem die LHT keinen Instandhaltungsstützpunkt betreibt. Es ist die Entscheidung zu treffen, ob der Auftrag an Fremdleister 1 oder Fremdleister 2 vergeben wird.
   - Für Orte, an denen die LHT einen eigenen Instandhaltungsstützpunkt betreibt, und aus terminlichen, technologischen, Kapazitäts- und know-how-bezogenen Gründen sowohl sie als auch ein Fremdleister in Betracht kommt. Es ist die Entscheidung zwischen Eigen- oder Fremdinstandhaltung zu treffen.
   - Wenn die Kapazitäten der LHT voll belegt sind, aber weitere Instandhaltungsaufträge anstehen, die nicht aufgeschoben werden können, bis wieder LHT-Kapazitäten frei sind. Um diese zusätzlichen Instandhaltungsumfänge einplanen zu können, ist ein bereits eingeplanter Auftrag fremdzuvergeben oder zu verschieben. Es ist die Kapazitätsbelegung festzulegen, die ein deckungsbeitragsmaximales Eigenfertigungsprogramm bestimmt.

Das Konzept ermöglichte Kosteneinsparungen bis zu 10 % bei den fremdzuvergebenden Instandhaltungsleistungen, sowie Zeitvorteile bis zu 20 % für die Dauer der Vertragsgestaltung. Diese Potentiale resultierten im wesentlichen aus:

- der Subkontraktorliste von Dienstleistern mit weltweit verteilten Instandhaltungsstützpunkten, die den technischen, wirtschaftlichen und behördenseitigen Forderungen genügen. Zusammen mit den Standardverträgen ermöglichen sie eine umfassende Analyse der Optionen, die beim Auftreten eines konkreten Vergabeereignisses an einem bestimmten Ort möglich sind.
- den Entscheidungsinstrumenten, die bei auftretenden Vergabeereignissen unabhängig vom Standort eine kostenoptimale Alternative wählen und dabei den qualitativen Kriterien wie Strategiekonformität oder Qualitätsforderungen für sensible Checks genügen.

4.2.4 Pilotbereich II: Beschaffungskonzept mit internationalen Providern

Der zweite Pilotbereich bestand in der Erarbeitung eines Beschaffungskonzepts für ausgewählte Materialien. Aufgrund der hohen Ausfallfolgekosten, die entstehen, wenn Luftfahrzeuge nicht mit den erforderlichen Teilen versorgt werden können, kommt in diesen Konzepten der Teileverfügbarkeit und der Distributionsgeschwindigkeit besondere Bedeutung zu – vor allem wenn teure Komponenten mit sehr geringer Umschlagshäufigkeit weltweit an nur wenigen Standorten vorgehalten werden.

Als Leitlinie für die Gestaltung der Sollstruktur wurden die Konzepte des Konsignationslagers und der Logistikprovider herangezogen und folgende Gestaltungsfelder optimiert.

Informationsfluss und Planungssystematik

Die Planungssystematik des Providers baut auf den Erfahrungswerten der vergangenheitsbezogenen Zeitreihen auf und berücksichtigt Vorabinformationen über geplante Checks und verbrauchsintensive Sondermaßnahmen. Dabei sind die Bedarfe der eigenen Standorte ebenso zu berücksichtigen wie die Entscheidungen bezüglich der Fremdvergabe von Instandhaltungsleistungen, die durch externe Dienstleister erbracht werden. Daraus resultiert eine wesentliche Erweiterung hinsichtlich der Zusammenführung und Abstimmung von Informationen, weg von einer standortbezogenen Bedarfsermittlung hin zu einem weltweiten Komponentenmanagement. Aufbauend auf diesen Planungsinformationen liegen die Dispositionsaktivitäten zur Bewirtschaftung der Warehouses ebenso im Verantwortungsbereich des Providers wie die aktuelle Bestandsführung (Zu-/Abbuchung, Fehlmengenmanagement, etc).

Physische Logistik

Die Festlegung der Anzahl der geographisch verteilten Lagerpunkte einschließlich ihrer Maximalbestände und Wiederauffüllzyklen sowie die Kosten der Lagerhaltung und das Transportrisiko obliegt dem Provider. Die Höhe der Sicherheitsbestände in den Warehouses hängen von der Wiederbeschaffungszeit und dem angestrebten Service Level ab und werden dem Provider vorgegeben. Die physische Abwicklung soll mit nur einem Provider (keine Subdienstleister) über die gesamte Lieferkette erfolgen, vom Hersteller über die Warehouses bis zur Anlieferung/Übergabe mit entsprechendem Handling, Lagerung, Transport. Ein wesentlicher Punkt der Konzeptgestaltung war die Festlegung der Versorgungszeiten, innerhalb derer der Provider die Verfügbarkeit der Materialien sicherstellen musste. Dies ist vor dem Hintergrund geographisch verteilter Verbrauchs- und Lagerstandorte zu sehen: Im konkreten Fall können beispielsweise Teile, die in Nordamerika gelagert, aber für Reparaturen in Europa gebraucht werden, eine sehr kurzfristige Versorgung erforderlich machen.

Qualitätssicherung

Ebenso wurde bezüglich der Qualitätssicherung die Übertragung von Leistungsumfängen auf den Provider diskutiert, beispielsweise die Prüfung der technischen Merkmale. Die Ausdehnung der Beschaffungsmärkte machte eine entsprechend sorgfältige Spezifikation der Qualitätsparameter erforderlich. Dementsprechend kamen als geeignete Logistikprovider nur solche in Betracht, die internationalen Zugang zu luftfahrtbehördlich genehmigten Herstellern und zu einem international agierenden Distributionsnetzwerk haben.

Um dieses Konzept in der festgelegten Struktur implementieren zu können, wurde mit dem ausgewählten Logistikprovider eine vertragliche Vereinbarung getroffen, die auf die hier dargestellte Problematik – geographisch verteilte Bedarfsorte und Lagerpunkte mit optionalen Versorgungskanälen – abstellt und die Bereiche Informations- und Planungsvorschauen, produkt-/technologie- und logistikorientierte Qualitätsparameter, Modalitäten bei Volumen- und Sortimentsänderung sowie bei Mixverschiebung besonders berücksichtigt.

Im Ergebnis wurde durch die Einführung des Beschaffungskonzepts ein Kostensenkungspotential von mehr als 12 % realisiert, bezogen auf die ausgewählten Pilotwarengruppen. Außerdem konnte der Servicegrad um annähernd 5 % und die Versorgungsgeschwindigkeit um bis zu 30 % gesteigert werden. Für den Logistikprovider ergeben sich Vorteile aus der langfristig angestrebten Partnerschaft (stabile Auslastung, zuverlässigere Planungsdaten für Investitionsvorhaben) und den positiven Effekten einer Verbundbewirtschaftung mit anderen Abnehmern.

Im Rückblick lassen sich folgende Faktoren als besonders wesentlich für den Erfolg eines solchen Programms zusammenfassen:

- Der Aufbau eines strategischen Einkaufs, der seine Ressourcen auf die Umsetzung des Beschaffungsinstrumentariums konzentrieren kann, ohne permanent mit dem Tagesgeschäft zu kollidieren.
- Die Bereitstellung von Personal mit internationaler Orientierung, Flexibilität und Reisebereitschaft.
- Die Analyse der globalen Beschaffungsmärkte und der permanenten Identifikation neuer Beschaffungsquellen, z. B. über das Internet (siehe Artikel 4.4).
- Die systematische Überprüfung der Anwendbarkeit der Beschaffungshebel (etwa Global Sourcing, Single Sourcing, Lieferantenreduzierung, Volumenkonzentration) und deren konsequente Umsetzung, wenn Strategiekonformität, Wirtschaftlichkeit, technisch-rechtliche Machbarkeit und Versorgungssicherheit gegeben ist.

Für die Zukunft hat sich der strategische Einkauf der LHT zum Ziel gesetzt, das internationale Beschaffungsinstrumentarium systematisch auf die einzelnen Material- und Dienstleistungsgruppen anzuwenden. Als nächste Herausforderung soll ein selektives

Beschaffungsnetzwerk mit Partnerairlines diskutiert werden. Dabei wird die Konzeptfindung über die dargestellten Faktoren hinaus beeinflusst werden durch:

- das Fehlen einer einheitlichen Informationstechnik, die zunächst eine Synchronisation der Datenbasen der Kooperationspartner erfordern wird,
- die Problematik kultureller Barrieren und verschiedener Zeitzonen,
- die unterschiedlichen Interessens- und Motivationslagen der Partner und
- die Frage nach einer gerechten Verteilung der Rationeffekte, um nur einige Schwierigkeiten vorwegzunehmen.

4.3 Optimierung der Einkaufsleistungen in einer Post-Merger-Situation – zwei unterschiedliche Beispiele aus der Chemischen Industrie

PETER BERGGREN – ARTHUR D. LITTLE INTERNATIONAL, INC., MÜNCHEN

Bei vielen Mergers sind die vermuteten Synergien im Einkauf eines der wichtigsten Motive für den Zusammenschluss. Damit hängt der wirtschaftliche Erfolg eines Zusammenschlusses nicht zuletzt von der Realisierung dieser Synergien ab. Durch eine Optimierung der Einkaufsfunktionen über die reinen Synergieeffekte hinaus, z. B. durch Internationalisierung des Einkaufs, können auch zusätzliche Einsparungen erzielt werden.

Dies war der Fall, als in der Chemischen Industrie zwei global tätige Unternehmen in einem Joint Venture zwei ähnliche Geschäftsbereiche zu einem Unternehmen zusammenlegten. Nach der Akquisition eines dritten Wettbewerbers wurde das neue Unternehmen - hier „PE" genannt - mit ca. zehn europäischen Standorten und ca. vier Milliarden Mark Jahresumsatz in dieser Branche eines der größten in Europa.

Ebenso musste nach der Zusammenlegung zweier Unternehmen der Pharmazeutisch-/Chemischen Industrie eine Optimierung des globalen Einkaufs stattfinden, aus welcher eine Geschäftseinheit - hier „CP" genannt - mit ca. fünf Milliarden Mark Jahresumsatz als Weltmarktführer hervorging.

Beide Unternehmen standen vor der Aufgabe, ihre Sourcingfunktionen global zu optimieren, das allerdings unter sehr unterschiedlichen Voraussetzungen.

4.3.1 Bestandsaufnahme: Wer kauft was, von wem, wie und zu welchen Kosten?

Grundlage jeder Einkaufsanalyse sind Informationen über:

- Einkaufsvolumina (Produkt, Quantität, Konditionen),
- Lieferantenstruktur,
- Einkaufsprozesse und deren Kosten.

Bei den beiden Beispielen PE und CP gestaltete sich die Analysephase sehr unterschiedlich.

PE hatte nur teilweise Kontrolle über seine eigenen Einkaufsvorhaben in den verschiedenen Werken. An den jeweiligen Standorten war man meistens Gast einer der Muttergesellschaften bzw. vorheriger Muttergesellschaften und bezog Einkaufsleistungen als Dienstleistung. Außerdem wollten die meisten Standorte ungern Entscheidungskompetenzen abgeben und sahen viele Vorteile in einer lokalen Sourcingorganisation. Darüber hinaus bestanden innerhalb des Joint Ventures Bestrebungen, die Einkaufsvolumina bei den jeweiligen Muttergesellschaften anzusiedeln, um hier die Einkaufsmacht beizubehalten, was teils eine Wettbewerbssituation der beiden Mütter ergab, aber für PE nicht nur Vorteile bot.

Die Ergebnisse der Analyse bei PE basierten demnach auf geschätzten Einkaufsmengen und -prozessen von mehreren eher regional orientierten Einkaufseinheiten. Es mangelte an übergreifender Koordination des Einkaufs und es fehlten sowohl der Überblick als auch Zugriffsmöglichkeiten auf die verschiedenen Standorte. Eine gemeinsame Einkaufsstrategie war so gut wie nicht vorhanden. Die Einkaufspotentiale wurden bei weitem nicht voll ausgeschöpft, was sich u. a. in einer großen Anzahl von Lieferanten pro Warengruppe (teils sogar pro Artikel) zeigte oder – noch deutlicher – daran, dass die Einkaufsinformationen nicht in einer Hand zusammenliefen.

Anders die Situation bei CP: Hier stand das Management voll hinter einer globalen Sourcingfunktion und innerhalb kürzester Zeit waren die globalen Einkaufsdaten zusammengetragen, die Schwächen/Stärken der Organisation beleuchtet und Schlussfolgerungen gezogen: CP fehlte eine formelle globale Einkaufskoordination, die notwendig ist, um eine umfassende Optimierung der Einkaufsvolumina zu erreichen, obwohl jede Einkaufseinheit sich bereits mehr oder weniger der globalen Märkte bediente. Auf Initiative der jeweiligen Mitarbeiter waren in der Vergangenheit allerdings spontane globale Bündelungsaktionen entstanden, die sehr erfolgreich waren. Man hatte dennoch keinen vollen globalen Überblick hinsichtlich Einkaufsvolumina und Nachfragestruktur. Der Bedarf nach Transparenz der Einkaufsinformationen war deutlich. Weiterhin brauchte man in der Organisation Entscheidungstransparenz, denn viele Funktionen rund um den Einkauf waren aus verschiedenen Gründen mit manchen Entscheidungen des Einkaufs nicht immer einverstanden und hätten sich teilweise andere Lieferanten gewünscht.

Der Konflikt zwischen der Einkaufsfunktion und den umliegenden Bereichen ist fast immer der gleiche. Die technischen Bereiche (z. B. Instandhaltung, Produktion, Entwicklung) wollen sich manchmal mit ihren Spezifikationen so eng festlegen, dass nur ein Artikel von einem besonderen - bekannten - Lieferanten in Frage kommen kann. Hier wird der Wettbewerb eliminiert, bevor der Einkauf überhaupt zum Zuge kommt. Für die Unternehmen CP und PE wurde dies sehr deutlich bei der Betrachtung der eingekauften Einsatzstoffe. Teilweise war nur ein Lieferant „freigeprüft" und war damit Alleinversorger für dieses Produkt. In manchen Fällen war sogar nur der Handelsname des chemischen Erzeugnisses registriert, nicht die chemische Bezeichnung!

Das Personal im Einkauf sowie dessen Qualifikation wird in vielen Unternehmen immer noch stiefmütterlich behandelt. Dabei braucht man im Einkauf Profis, die den Beschaffungsmarkt gut kennen, die Herstellkosten des Lieferanten erahnen können, ebenso einen Überblick über die Second-Tier-Supplier-Struktur haben, Fremdsprachen beherrschen (viele interessante Anbieter befinden sich außerhalb des eigenen Landes), taktisch verhandeln und Prioritäten im Einkaufsportfolio setzen können.

In einem Unternehmen wie PE, wo die Aufgaben des Sourcing (oder strategischen Einkaufs) mit den operativen Tätigkeiten (Bestellen) vermischt und von einer Person pro Produktgruppe ausgeführt werden, besteht die Gefahr, dass der strategische Teil durch die tägliche Dringlichkeit des operativen Einkaufs verdrängt wird. Der Einkäufer wird sich dann hauptsächlich (zu 70 – 80 %) mit den physischen Bestellungen oder mit der Jagd auf „verschwundene Kesselwagen“ beschäftigen. Zwischendurch wird die Marktbearbeitung durchgeführt und werden Rahmenverträge festlegt. Das hier die tatsächliche Einkaufstätigkeit vernachlässigt wird, liegt auf der Hand. In so einem Einkauf wird es auch schwierig sein, qualifizierte Mitarbeiter zu finden und zu halten, denn

- die Inhalte der operativen Einkaufstätigkeit (Bestellen) sind wenig attraktiv für High Potentials und
- die Gehälter entsprechen dem derzeitigen Arbeitsinhalt.

Anders der Fall bei CP: Es gab ausschließlich strategische Einkaufstätigkeiten in der Global-Sourcing-Truppe mit hochqualifizierten Mitarbeitern (MBA, Promotion, etc.), die sehr motiviert waren. Hier hat der strategische Einkauf eine relativ hohe Priorität erhalten. Die reinen Bestellfunktionen wurden von werksnahen Logistikeinheiten ausgeführt.

4.3.2 Der neue Einkauf – drei mögliche Modelle

Die strategische Einkaufsgruppe soll nach Möglichkeit für den Gesamtkonzern Rahmenvereinbarungen für strategische Einkaufsleistungen treffen. Für PE wurde untenstehende Definition der strategischen Einkaufsleistungen anhand des Einkaufsportfolios getroffen (siehe Abbildung 4.3.2 – 1).

Um zu vermeiden, dass die Suche nach geeigneten Lieferanten und die Verhandlung guter Einkaufskonditionen ein Zufallsergebnis wird, mussten die Unternehmen die passenden Strukturen mit der richtigen personellen Besetzung aufbauen. Im Prinzip können wir zwischen drei Organisationsformen (siehe Abbildung 4.3.2 – 2) des strategischen Einkaufs unterscheiden.

Strategisch	Nichtstrategisch
• Rohmaterialien • Packmaterialien • Maschinen & Apparate • Speditionsleistungen • Ausgewähltes technisches Material • Große Projekte (z. B. Anlagenbau) • Standardisierte Instandhaltung	• Ersatzteile • Bürobedarf etc. • Technisches Material (Mehrheit) • Instandhaltung • etc.
Großes Einkaufsvolumen von wenigen Lieferanten oder von Key Suppliers	**Geringes Einkaufsvolumen auf mehrere, oft lokale Lieferanten verteilt**

Abbildung 4.3.2 – 1: Aufteilung strategischer / nichtstrategischer Einkaufsleistungen

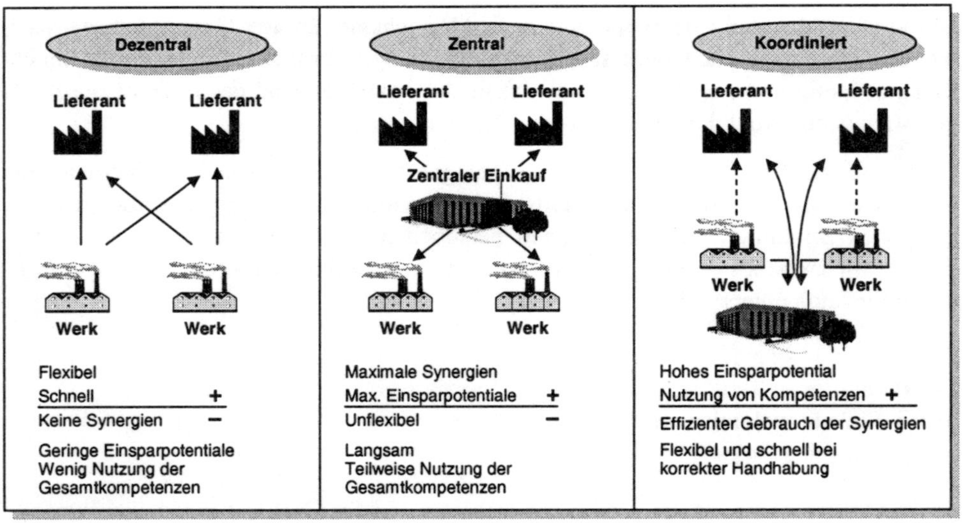

Abbildung 4.3.2 – 2: Die drei grundlegenden Einkaufsorganisationen (Beispiel PE)

Dezentral: Erlaubt hohe Flexibilität und ist relativ schnell durch die direkte Anbindung an die Nutzer. Bietet aber wenig Möglichkeiten zur Optimierung des Einkaufsportfolios und ist im Regelfall teurer als andere Organisationsformen. Die jeweiligen Einkaufskompetenzen bleiben lokal und sind für das Gesamtunternehmen nur teilweise ausgeschöpft.

Zentralisiert: Bietet hohe Synergien und Einsparpotentiale, wird aber relativ inflexibel und langsam durch „Entscheidungsträgheit".

Koordiniert: Diese Form bietet die Möglichkeit, hohe Einsparungen in Verbindung mit den Vorteilen lokaler Beschaffungszentren zu vereinbaren. Die Schwierigkeit besteht hier in der Steuerung des Gesamteinkaufs.

Für das Unternehmen PE bringt eine Optimierung des Einkaufs folgende organisatorische Veränderungen:

- Aufbau eines zentralen strategischen Einkaufs im Hauptwerk,
- organisatorische Trennung der strategischen von den operativen Aufgaben,
- Aufwertung der Einkaufsorganisation mit entsprechenden Qualifikationen.

Der Vorteil eines zentralisierten strategischen Einkaufs für die Firma PE lag auf der Hand: Einkaufsqualifikationen waren nur im Hauptwerk ausreichend vorhanden, zumal auch die größten Volumina (75 %) hier bereits eingekauft und verbraucht worden waren. Inhaltlich werden die weltweiten Einkaufsleistungen von hier aus gesteuert und auf die globalen Einkaufsmärkte gebracht. Eine Bündelung der Volumina und eine Straffung der Lieferantenbasis sowie das Vorantreiben einer Harmonisierung der Einkaufsleistungen sind Instrumente, um die gewünschten Einsparungen zu erzielen. Die nichtstrategischen Einkaufsleistungen sollten lokal bleiben, d. h. in den operativen Bestellfunktionen, die in den meisten Werken erhalten bleiben (siehe Abbildung 4.3.2 – 3).

Der zentralistische Ansatz wurde bei der Firma PE gewählt aufgrund des Hintergrunds und des jetzigen Umfelds. Mit einer anderen Organisationsform besteht eine deutliche Gefahr, dass die Einsparpotentiale hier nicht ausgeschöpft werden können.

Eine Analyse der Einkaufsleistungen ergab tatsächlich zum Teil große Preisdifferenzen zwischen den einzelnen Werken bei (den wenigen) identischen Produkten. Als kurzfristige Einsparungen (Quick Wins) waren die im Unternehmen unterschiedlichen Einkaufskonditionen standortübergreifend zu harmonisieren und die zusammengefassten neuen Einkaufsvolumina mit den Lieferanten neu zu verhandeln. In einigen Projektgruppen wurden Quick Wins von über 30 % identifiziert und umgesetzt.

Die organisatorische Trennung der strategischen Aufgaben von den operativen dient der verbesserten Steuerung der gesamten Sourcingtätigkeiten und dem Aufbau konzerninterner Expertisen für ausgewählte Einkaufsumfänge.

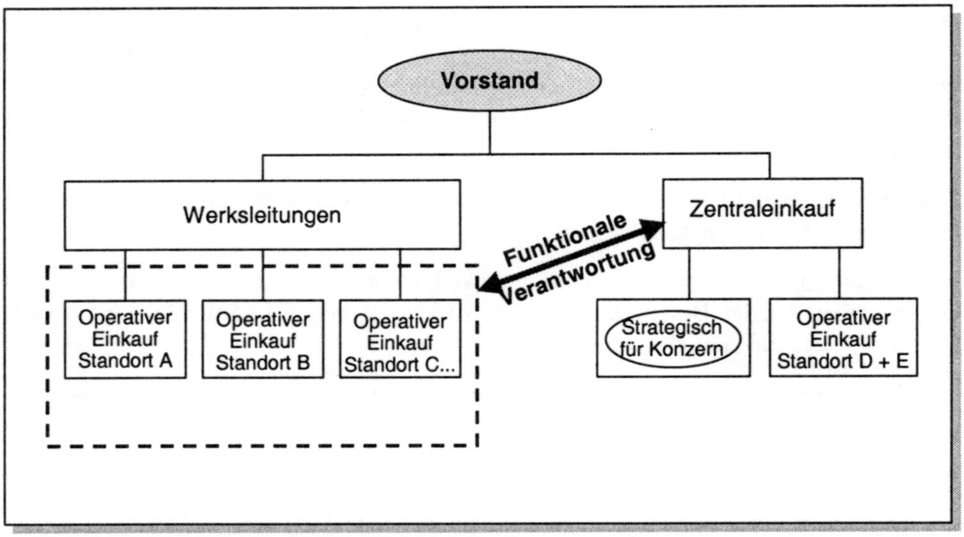

Abbildung 4.3.2 – 3: Ein Zentraleinkauf verantwortet alle eingekauften Volumina

Qualifikationen und Entlohnung der Mitarbeiter sollten den Tätigkeitsinhalten entsprechend angepasst werden, wobei die strategischen Aufgaben einen hohen Stellenwert einnehmen und höher zu bewerten sind. Es ist in vielen Fällen schlichtweg falsch, gute operative Einkäufer mit strategischen Aufgaben zu beschäftigen, nur um den einfachsten Weg zu gehen, ohne auf Qualifikationen oder Weiterbildung zu achten.

Im Falle von CP, die weltweit bereits mehrere Einkaufseinheiten hat und eher global operiert, war die Empfehlung zur Einkaufsorganisation wie folgt (siehe Abbildung 4.3.2 – 4):

- Einrichtung einer globalen Sourcingfunktion zur Koordination der weltweiten Einkaufsvolumina pro identifizierter Produktgruppe;
- Beibehaltung bzw. Aufbau regionaler Einkaufsbüros, um einen globalen Einkauf lokal zu verankern;
- Verstärkung der globalen Informationssammlung und Koordination der Datenbank durch eine Sourcing-Support-Gruppe;
- Angebote weltweit durch Regionen auf Konzernmandat verhandeln, Entscheidung wird allerdings zentral getroffen. Hiermit werden lokale Kenntnisse weiterhin einbezogen.
- Strategisch wichtige Entscheidungen werden in einem Sourcing Committee getroffen.

Eine Matrixorganisation ermöglicht die Wahrnehmung von globalen Effizienzen und Synergien, ohne auf lokale Marktkenntnisse zu verzichten:

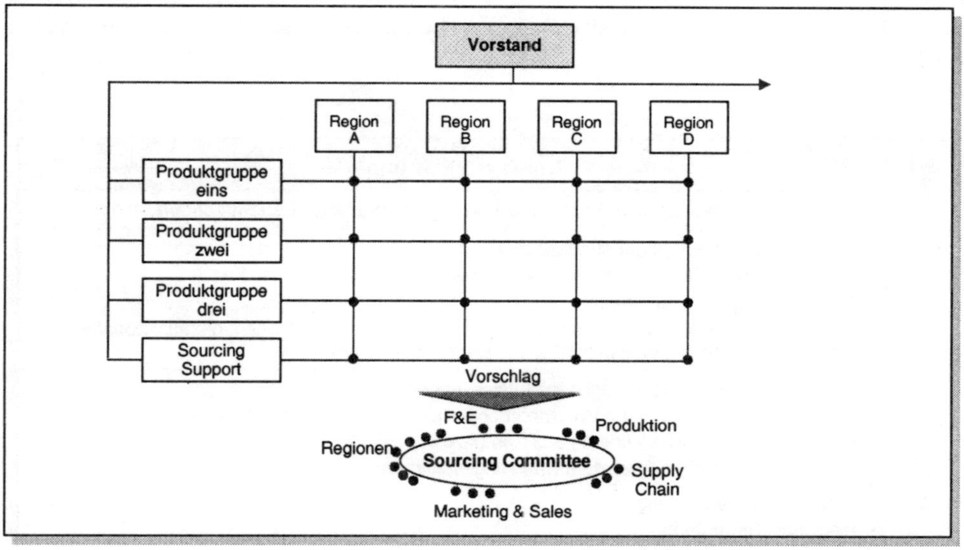

Abbildung 4.3.2 – 4: Global Sourcing Matrix

Der Koordinator hat die weltweite Verantwortung für die Einkaufsleistungen in „seiner" Produktgruppe. Die bestehenden lokalen Einkaufsabteilungen sind zu regionalen Einkaufsrepräsentanten des globalen Netzes geworden. In attraktiven Einkaufsmärkten, in denen PE heute wenig Einkaufskompetenz besitzt, bestehen Pläne, Einkaufsbüros zu eröffnen.

Vorteile der Matrixorganisation sind:

- Transparenz von Volumina, Quellen und Entscheidungsprozessen,
- Wahrnehmung von Optimierungsmöglichkeiten durch eine flexible Organisationsform,
- globale Experten operieren lokal.

Die Risiken der Matrixorganisation bestehen in der Qualifikation und Durchsetzungskraft des Koordinators, in der Disziplin der Regionen und der Qualität der Informationssysteme.

Nicht alle Produkte werden über die Zentrale koordiniert und eingekauft. Der jeweilige Koordinator entscheidet, welche Einkaufsentscheidungen (Produkte) in den Regionen getroffen werden sollen und welche in der Zentrale. Wichtige strategische oder sehr große Einkaufsleistungen werden in der Zentrale vom Koordinator oder von einem Sourcing Committee entschieden. Besonders wichtige Sourcingentscheidungen werden vom Vorstand/Seniormanagement getroffen. Beispiele sind strategische Allianzen/ Einkaufskooperationen. Um träge Prozesse zu vermeiden, werden, wie beschrieben, nicht alle Entscheidungen über das Sourcing Committee geleitet (siehe Abbildungen 4.3.2 – 5 und 6).

Art	Charakterisierung[1)]
N	• Grundlegende strategische Entscheidungen mit übergreifenden Auswirkungen
I	• Entscheidungen von hoher strategischer Bedeutung • Hohe Auswirkung auf Unternehmensergebnis • Große strategische Auswirkung • Sich widersprechende Ziele verlangen ausgewogene Entscheidungen, die aus globaler Unternehmensperspektive bestmögliche Ergebnisse liefern
II	• Wichtige Entscheidungen bzgl. Einkaufsleistungen • Bedeutende Auswirkung auf Unternehmensergebnis verlangt globale Koordination • Begrenzte strategische Wirkung und Komplexität • Große Volumina mit begrenztem Handlungsspielraum
III	• Alltägliche Entscheidungen • Regionale Bedeutung • Geringe Einkaufsvolumina • Begrenzter Handlungsspielraum

1) Die Kriterien sind Beispiele; genaue Kriterien und Regeln müssen für das einzelne Unternehmen festgelegt werden

Abbildung 4.3.2 – 5: Entscheidungshierarchie: Vier verschiedene Entscheidungsmöglichkeiten werden aufgebaut

Durch eine Kategorisierung der Einkaufsentscheidungen nach Bedeutung für das Gesamtunternehmen werden die Verantwortlichkeiten festgelegt. Entscheidungen vom Typ N und I werden im Sourcing Committee getroffen. Entscheidungen von geringerer Bedeutung sind von den Produktgruppenverantwortlichen bzw. in den Regionen zu treffen.

Eine koordinierende globale Einkaufsfunktion kam für das Unternehmen PE nicht in Betracht, da die Tätigkeit schwerpunktmäßig in West- und Zentraleuropa liegt.

In beiden Projektbeispielen wurde die Notwendigkeit einer einheitlichen Datenbasis, sprich einer Harmonisierung der konzernweiten Artikelnummern und Produktbezeichnungen, deutlich. Es muss auch gewährleistet sein, dass die lokalen Einkäufer bzw. die Qualitätskontrolle für Lieferantenbewertungen Zugriff auf die Daten haben. Eine Datenbank auf Basis von Intranet oder Lotus Notes bietet hier die Lösung. Selbstverständlich sind Informationen über die Einkaufskonditionen der jeweiligen Artikel sehr sensitiv und sollten nur von ausgewählten Angestellten abgefragt werden können.

Verschiedene Rollen und Verantwortlichkeiten von unterschiedlicher Seite sind im Entscheidungsprozess einbezogen:

Art	Diskussionsprozess Charakterisierung
N	• Regionale Einkaufsteams liefern Informationen • Das Sourcing Committee und der Koordinator legen Empfehlungen fest • Seniormanagement/Vorstand entscheiden
I	• Der Koordinator leitet die Informationsbeschaffung und Bewertung und bereitet Entscheidungen an das globale Sourcing Committee vor • Der Koordinator zielt auf maximalen Wettbewerb zwischen regionalen Teams • Das globale Sourcing Committee legt endgültige Entscheidungen fest
II	• Das regionale Einkaufsteam erarbeitet das beste Angebot • Der Koordinator leitet die Informationsbeschaffung und Bewertung • Der Koordinator entscheidet über das beste Angebot
III	• Regionale Einkaufsteams sammeln Informationen, vergleichen Alternativen und entscheiden • Informationsaustausch zwischen Regionen ermöglicht Vorteile für den lokalen Einkäufer

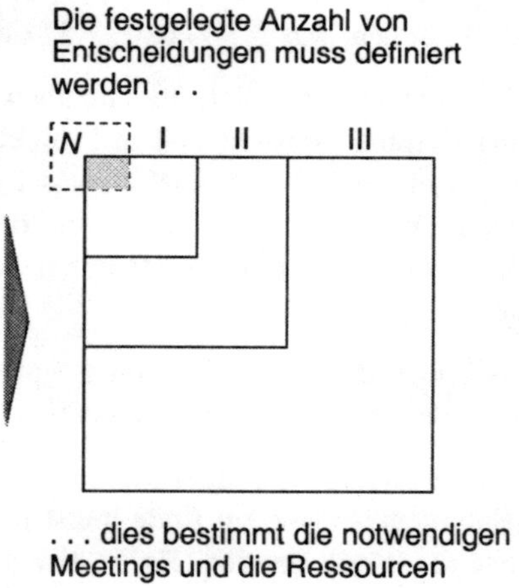

Abbildung 4.3.2 – 6: Entscheidungshierarchie

4.3.3 Die Erfolgsfaktoren eines strategischen Einkaufs oder die Grundlage jeder Einkaufsoptimierung

- Hohe Transparenz und Planungsgenauigkeit von Einkaufsleistungen
- Harmonisierung der Informationsströme in Form von einheitlichen Artikelnummern und Produktgruppen
- Koordination der Lieferantenverhandlungen für ausgewählte (strategische) Produkte, um konzernübergreifende Optimierungen durchführen zu können
- klar festgelegte Einkaufsprozesse und Verantwortungen
- qualifizierte Mitarbeiter, die über fachliche und soziale Kompetenzen verfügen
- Einsatz von Knowledge-Management-Hilfsmitteln, die für alle Standorte verfügbar sind, z. B. auf Basis von Intranet oder Lotus Notes
- Unterstützung des Topmanagements.

4.3.4 Ergebnisse und Key Learnings

Beide Unternehmen, PE und CP, erreichten in kürzester Zeit durch Best-Practice-Vergleiche Quick Wins von bis zu 30 % der Einkaufskosten bei einzelnen Positionen. Langfristig wird PE 20 und CP 90 Millionen Mark Gesamteinsparungspotentiale realisieren können, was 3,5 % bzw. 7,5 % der betroffenen Sourcingausgaben entspricht.

Dazu sind folgende Schritte einzuhalten: Zunächst müssen die gesamten Einkaufsvolumina sichtbar gemacht und in Projektgruppen eingeteilt werden. Ohne Verständnis für das jeweilige Einkaufsportfolio lässt sich eine Einkaufsoptimierung nur teilweise umsetzen. Dann folgt eine Anordnung der Produktgruppen nach globalen, regionalen oder lokalen Optimierungsmöglichkeiten, sowie eine Schätzung des jeweiligen Einsparpotentials.

Abschließend werden die Einkaufsprozesse, Verantwortlichkeiten und Tools zur Erreichung der oben geschätzten Potentiale festgelegt.

In der Entwicklung großer Merger hat sich bereits häufig gezeigt, dass dem Erfolg dieser Zusammenschlüsse am Ende meist unterschiedliche Interessen innerhalb des Unternehmens im Wege standen. Es ist also von großer Bedeutung für die endgültigen Ergebnisse, dass das Topmanagement seine Unterstützung für die Einkaufsoptimierung eindeutig unter den Mitarbeitern kommuniziert.

4.4 Innovative Automobilzulieferer – Erfolg im E-Business

OLIVER SCHUBERT – ARTHUR D. LITTLE INTERNATIONAL, INC., MÜNCHEN

Seit vier Minuten ist kein Gebot mehr abgegeben worden. Das letzte Auktionsgebot kommt von einem Automobilzulieferer aus dem Schwarzwald. Es liegt tief – weit unter dem historischen Einkaufspreis. Die Einkäufer von Webasto schauen gespannt auf die Leinwand, die den Verlauf der Auktion widerspiegelt. Als Wolf-Michael Hannemann, Purchasing Director der Webasto Vehicle Systems International, noch einmal den Reload-Knopf seines Browsers klickt, geht ein Raunen durch den Raum. Das letzte Gebot wurde erneut unterboten...

Immer häufiger setzen Automobilzulieferer wie Webasto Internet-Auktionen ein, um im Einkaufskampf weitere Kostenvorteile zu gewinnen. Insbesondere Reverse-Auktionen, wie sie das Frankfurter Auktionshaus Portum GmbH oder die Hamburger Industriebörse Goodax zur Verfügung stellen, stehen im Mittelpunkt des Interesses. Konträr zu einer klassischen Auktion *vermindert* sich bei einer Reverse-Auktion der Preis mit jedem Gebot. Der Einkäufer lädt einen vorher definierten Nutzerkreis von zehn bis zwölf seiner Zulieferer ein; die Auktionsteilnehmer werden anschließend registriert und eingehend über die Details des zu vergebenden Auftrags informiert. „Portum verfolgt einen branchenspezifischen Ansatz. Deshalb stellen wir unseren Kunden Ansprechpartner aus der jeweiligen Industrie gegenüber. Das technische System wird den Anforderungen des Kunden beziehungsweise der Industrie angepasst. Dadurch differenzieren wir uns deutlich von internetbasierten Marktplätzen und Portalen", erklärt Otto Fischer, Partner bei der Portum GmbH.

Signifikante Kostenvorteile durch das transparente Preisgeschehen der Auktion sind nicht die einzigen Vorzüge der elektronischen Auktionen. Das traditionelle Ausschreibungsverfahren mit seinen langwierigen Verhandlungen wird von Wochen auf Stunden reduziert. Einkäufer nutzen heute bis zu 80 % ihrer Zeit für die Verhandlung von hochwertigen A-Artikeln mit der Folge, dass dann bei B-Artikeln häufig ein Auge zugedrückt werden muss und oftmals nur zwei traditionelle Zulieferer zu einem Angebot aufgefordert werden. Die wenig aufwändigen Reverse-Auktionen machen möglich, A- und B-Artikel gleichermaßen optimal zu verhandeln. Beispielsweise konnten in einem gemeinsamen Pilotprojekt der Webasto Vehicle Systems International und der Unternehmensberatung Arthur D. Little innerhalb von fünf Wochen sechs Online-Auktionen aufgesetzt werden. Mit durchschlagendem Erfolg: Die Ausschreibungen ergaben Einsparungen zwischen neun und 36 % gegenüber den bisherigen Einkaufspreisen.

Online-Auktionen sind in vielen Unternehmensbereichen sinnvoll und selbst Firmen, die ihre Aufträge schon erfolgreich via Internet vergeben, denken häufig noch zu konservativ. „Wir haben erst durch die Zusammenarbeit mit Arthur. D. Little die Möglichkeiten des Online-Business richtig ausgeschöpft", sagt Hannemann von Webasto, „unser gemeinsamer Ansatz geht deutlich über die gemeinhin angenommenen Einsatzbereiche für den elektronischen Einkauf hinaus, da wir uns eben auch direktes Produktionsmaterial angesehen haben." Mittlerweile reichen die im Internet beschafften Materialgruppen bei Webasto von Druckgussteilen, Blechform- und Drehteilen sogar bis hin zu den spezifischen Schiebedachsteuerungen.

Wie Studien des E-Business-Center von Arthur D. Little zeigen, sind Online-Auktionen noch lange nicht der einzige Weg für Automobilzulieferer, um Einkaufsprozesse mit Hilfe des Internet zu optimieren. Beispielsweise können den Zulieferern Lieferanteninformationen in Sekunden über das firmeneigene Computernetzwerk zur Verfügung gestellt werden. Alle Zulieferer von Webasto erhalten bereits heute Einsicht in ihre Lieferantenbeurteilung und können ihre monatlichen Liefertreuekennziffern abfragen. In Kürze werden sie außerdem Qualitätsrichtlinien und weitere Formulare, zum Beispiel Kostenanalysen, aus dem Netz abrufen und zurücksenden können.

Einen weiteren Weg der Prozessinnovation beschreitet die Bosch-Gruppe. Sie setzt auf flächendeckende Lieferanten- und Spediteuranbindung per WebEDI. Das WebEDI-Verfahren wird dabei ergänzend zum klassischen EDI-Verfahren eingesetzt und bietet gerade kleineren Zulieferern die Funktionalitäten des elektronischen Datenaustauschs. Die Lieferanten können über einen Internet-Zugang ihre Lieferabrufe anzeigen, herunterladen und drucken. Die automatisierte Erstellung der Lieferscheine erfolgt in einem komfortablen Web-Dialog; die fertigen Lieferscheine werden digital an den Spediteur versendet. Zusätzlich kann der Lieferant Lagerbewegungen in seinem Konsignationslager verfolgen und sofort mit entsprechenden Nachlieferungen reagieren. Durch die hundertprozentige Einbindung aller Lieferanten wird die gesamte Lieferkette in ihrer Prozessqualität wesentlich verbessert.

Die Beschaffung unterliegt durch die Möglichkeiten des Internets einem rasanten Wandel und es wird für die Unternehmen von einiger Bedeutung sein, Projekte wie Online-Auktionen, die Darstellung von Lieferanteninformationen oder die Nutzung von WebEDI in kurzer Zeit aufzusetzen und zu realisieren. Hier ergibt sich die Möglichkeit, das Medium Internet risikoarm zu testen und erste Resultate liegen in weniger als fünf Wochen vor. Nur wer schnell startet, kann wertvolle Erfahrungen sammeln, interne Organisationsstrukturen und Prozesse anpassen und sein Einkaufsteam an die neuen Beschaffungspotentiale des E-Business heranführen.

5. Der Weg zur internationalen Fabrik

MARKUS THOMA – ARTHUR D. LITTLE INTERNATIONAL, INC., WIESBADEN

Internationalisierung bedeutet steigende Komplexität

Die internationale Fabrik ist auch in Unternehmen, die schon seit vielen Jahren mehrere Länder oder gar die gesamte Welt aus einem Standort heraus versorgen, keine Selbstverständlichkeit. Diese Fabriken waren allzu oft von den lokalen Märkten durch üppige Bestände und mächtige Vertriebsorganisationen abgekoppelt. Mit der Verschärfung von Kostendruck und logistischen Anforderungen ändert sich diese Situation grundlegend: Die Bestände will sich das Unternehmen nicht mehr leisten, von der Fabrik wird ein direkter Beitrag zur Verbesserung der logistischen Leistungen wie Lieferzeit und Liefertreue in den unterschiedlichen Märkten erwartet. Dazu kommt das Bedürfnis der Vertriebsorganisationen nach Differenzierung durch lokale Produkte und schneller Innovation. Die Fabrik sieht sich so einer erheblich gestiegenen Komplexität gegenüber.

Oft ist die Internationalisierung der Fabrik die direkte Folge der Reorganisation des Produktionsnetzwerks. In vielen Industrien ist die Bildung internationaler Centers of Competence zu beobachten, deren Aufgabe es ist, die Vertriebsorganisationen mehrerer Länder mit Produkten oder Technologien exklusiv zu versorgen. Für eine Fabrik, die zuvor lediglich den Heimatmarkt bedient hat, steigt damit die Komplexität erheblich:

- Die Fabrik muss oft eine Vielzahl neuer Produkte aufnehmen und produzieren. Besonders kritisch wird es, wenn aufgrund der Internationalisierung ein ähnliches Produkt in zwei verschiedenen Qualitäts- und Preisstufen herzustellen ist.

- Die Organisation muss mit mehreren Vertriebsorganisationen über Sprachbarrieren hinweg arbeiten. Informale Kanäle, die oft die Zusammenarbeit zwischen Vertrieb und Fabrik kennzeichnen, verlieren an Bedeutung. An ihre Stelle treten Prozesse, die unter Umständen unterschiedliche Anforderungen, Schnittstellen und Systeme im Verhältnis zwischen der Fabrik und ihren Partnern bedeuten.

- Die Anforderungen an Kosten, Qualität, Innovationsfähigkeit und Lieferservice sind in den verschiedenen Märkten unterschiedlich. Die Fabrik muss einen Kompromiss zwischen der Befriedigung der Marktbedürfnisse und einer effizienten Produktion finden. Besonders anschaulich wird dies am Beispiel der Fabrik in Frankreich, die nun auch für Benelux produzieren soll: Zur Erfüllung der Marktanforderungen wäre es erforderlich, die Benelux-Produkte jede Woche zu produzieren. Die Losgrößen allerdings würden dann im Verhältnis zu den französischen Produkten, für die die Anlagen dimensioniert wurden, so klein, dass die Herstellkosten untragbar hoch würden.

Die Komplexität beherrschen

Ziel muss es sein, die steigende Komplexität zu beherrschen. Ansätze der Komplexitätsreduzierung, die jahrelang mit großer Energie verfolgt wurden, sind nur insofern erfolgversprechend, als sie Produktmerkmale betreffen, die der Kunde auch aus Sicht des kritischsten Produktmanagers nicht wahrnimmt. Die Streichung von Ländervarianten ist weitgehend aussichtslos – sechs Monate nach der mühevollen Abschaffung der Finnlandvariante stehen bereits fünf neue Varianten auf dem Produktionsplan.

Für eine internationale Fabrik können vier Ansätze zur Beherrschung der Komplexität unterschieden werden:

1. Schnittstelle zum Kunden optimieren

An der Schnittstelle zum internen oder externen Kunden sollte ein Großteil der Komplexität für die Fabrik aufgefangen werden. Die unterschiedlichen Kunden müssen individuell betreut werden, um den unterschiedlichen Anforderungen Rechnung tragen zu können.

Eine Möglichkeit besteht in der Bildung von Kundenteams: Jeder Kunde hat einen Hauptansprechpartner in der Fabrik, der eine konkrete Anfrage unter Nutzung eines Teams aus den verschiedenen Bereichen der Fabrik beantwortet. Dabei ist es nicht so wichtig, dass jeder Kundenansprechpartner in der gleichen Organisationseinheit (z. B. in der Planung) sitzt oder dass gar eine eigene Organisationseinheit „Customer Service" gebildet wird. Wichtig ist allein das Vertrauensverhältnis zwischen Kunde und Ansprechpartner und dessen Fähigkeit, das Team schnell zu mobilisieren.

Auf internationaler Ebene ist gerade an der Schnittstelle zum Kunden das Wissen und das Verständnis für die kulturellen Besonderheiten der verschiedenen Kundenkreise immer wichtiger. Neben den obligaten sprachlichen Fähigkeiten ist vor allem das Interesse an und der Respekt vor den unterschiedlichen Kulturkreisen von entscheidender Bedeutung.

2. Maximale Flexibilität gewährleisten

Neben einer kostenoptimalen Produktion von qualitativ exzellenten Produkten ist für internationale Fabriken hohe Flexibilität das oberste Gebot.

Darunter ist sowohl die technische Flexibilität der Anlagen zu verstehen, auf denen auch kleine Lose durch geringe Umrüstkosten noch kostenoptimal gefertigt werden können, als auch die Flexibilität des eingesetzten Personals. Die Mitarbeiter müssen durch ihre Einsatzflexibilität und im Rahmen flexibler Arbeitszeitmodelle Marktschwankungen ausgleichen können. Denn nur durch auftragsnahe Produktion können internationale Produktionszentren die dritte und wichtigste Form der Flexibilität, die Lieferflexibilität, gegenüber dem Kunden jederzeit gewährleisten, ohne zum Aufbau unnötiger Bestände beizutragen.

3. Fokussieren auf Kernkompetenzen

Internationale Produktionszentren werden sich in der Regel auf bestimmte Produkte oder Prozesse im Sinne des Center-of-Competence-Gedankens spezialisieren.

Liegt eine Spezialisierung auf ein Produkt vor, so muss die Fabrik dafür sorgen, dass sie frühzeitig alle relevanten Technologien zur Herstellung dieses Produkts kennt und soweit möglich auch beherrscht, auch und besonders Technologien, die bisherige Prozesse substituieren. Bei einer Spezialisierung auf eine Technologie ist darauf zu achten, dass möglichst sämtliche Produkte, für die die Technologie relevant ist, technologisch beherrscht werden. In diesem Zusammenhang stellt sich auch die Frage nach möglichen Substitutionstechnologien.

Darüber hinaus wird sich eine internationale Fabrik auf die Produktionsaufgabe und das Management der Schnittstellen zu ihren Kunden konzentrieren. Randaktivitäten werden eher outgesourct, und zwar nicht in erster Linie aufgrund angestrebter Kostenvorteile, sondern mit dem Ziel, Managementkapazitäten zu konzentrieren.

4. Den Komplexitätsdruck nutzen

Ein wichtiger Aspekt der Beherrschung von Komplexität ist die Nutzung des Komplexitätsdrucks zur Vereinheitlichung von Produkten und Prozessen. In der internationalen Fabrik treffen alle Varianten der Produkte zusammen, sie ist of die einzige Stelle im Unternehmen, an der die aktuelle Information über das Sortiment vorliegt. Die Fabrik sollte dieses Wissen nutzen, um konkrete Vorschläge zur (nicht kundenrelevanten) Vereinheitlichung zu machen, immer verbunden mit einem klaren Nutzen für den Abnehmer. Besteht etwa die Belgienvariante eines Shampoos gegenüber dem französischen Produkt in einer geringfügig größeren Flasche und einem Papier- statt einem Folienetikett, so sollte die Fabrik dem Belgienverantwortlichen die Vorteile einer Vereinheitlichung in Form von niedrigeren Kosten und häufigerer Produktion deutlich machen. Sofern sich die Fabrik nicht in vom Kunden wahrnehmbare Produktmerkmale einmischt, können hierdurch große Einsparungen erzielt werden.

5.1 Der Weg zur internationalen Produktion am Beispiel der Europafabriken von Unilever Frozen Food

MICHAEL VON RUDLOFF – LANGNESE-IGLO GMBH, REKEN
MARKUS THOMA – ARTHUR D. LITTLE INTERNATIONAL, INC., WIESBADEN

Die Unilever-Frozen-Food-Gruppe stellt in ihrem Produktionsnetzwerk hochwertige Tiefkühlprodukte für den europäischen Markt her. Sie verfügt über zwei deutsche Standorte in Reken (Gemüse und Backwaren) und Bremerhaven (Fisch), die ein integraler Bestandteil dieses Netzwerks sind. Das europäische Produktionsnetzwerk von Unilever Frozen Food war in der Vergangenheit durch nationale Fabriken für nationale Märkte gekennzeichnet. Das heißt, der tiefgekühlte Spinat für den deutschen Markt wurde in Deutschland, der tiefgekühlte Spinat für den italienischen Markt in Italien hergestellt. Die Fabriken richteten sich also nach ihren lokalenAbsatzmärkten aus.

Um die starke Marktposition der Gruppe im Tiefkühlgeschäft zu sichern und weiter auszubauen, entschloss sich die Frozen-Food-Gruppe, ihre bisherige Produktionsstruktur in „Eurofabriken" auf Basis des Center-of-Competence-Gedankens umzubauen. Es sollen nicht mehr nationale Fabriken für nationale Märkte, sondern europäische Fabriken ausgewählte Produkte für ganz Europa produzieren, soweit die Logistikkosten dies zulassen. Das heißt, europäische Produkte, die bisher an verschiedenen Standorten gefertigt wurden, werden, um Skaleneffekte auszunutzen, auf ein bis zwei Standorte konzentriert. Damit verbunden war ein Konzentrationsprozess der Fabriken, durch den die Frozen-Food-Gruppe wichtige Wettbewerbsvorteile gewinnen konnte.

Nach der Optimierung des Netzwerks entschloss sich Unilever, das Programm OPEX (Operational Excellence) aufzusetzen, um Kosten und Leistungen der einzelnen Fabriken zu verbessern.

Das OPEX-Programm zielt auf eine ganzheitliche Optimierung der Fabriken ab, wobei die Schwerpunkte durch eine modulare Zusammensetzung des Programms jeweils fabrikbezogen gesetzt werden können. Bis Ende 1999 haben fünf Standorte das Programm erfolgreich durchgeführt.

OPEX setzt sich aus vier Teilen zusammen (siehe Abbildung 5.1 – 1):

1. Entwicklung konkreter Ziele für die Fabrik
2. Festlegung des Aufgabenumfangs
3. Überarbeitung der Geschäftsprozesse
4. Anpassung der Organisationsstruktur

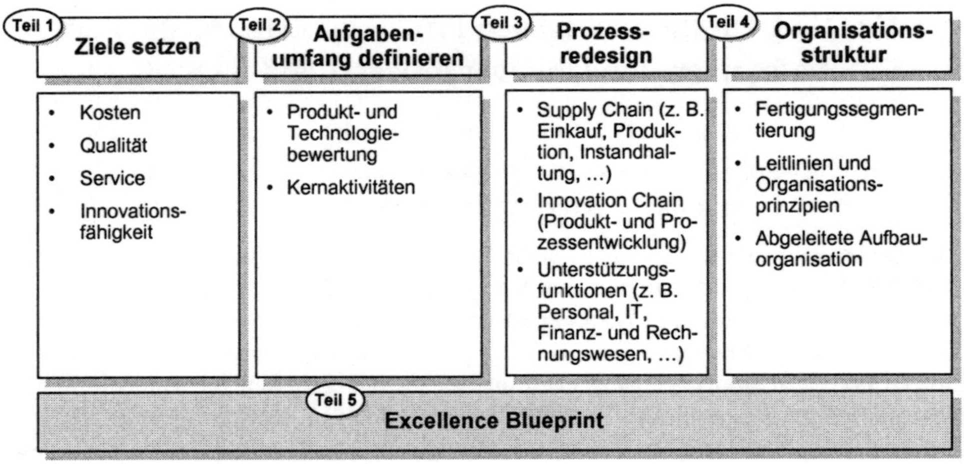

Abbildung 5.1 – 1: Vorgehensweise OPEX – Ziele und Kernfunktionen

Die Ziele der Fabrik werden anhand von Key-Performance-Indikatoren (KPIs) definiert. Dabei wird darauf geachtet, dass nicht einseitig Kostenziele vorgegeben werde, deren Erfüllung zu Lasten anderer wichtiger Leistungsmerkmale wie Qualität oder Innovationsfähigkeit geht. Nur eine ausgewogene Erfüllung der vier Zielkategorien Kosten, Qualität, Service und Innovationsfähigkeit schafft zufriedene Kunden und sichert die Rolle des Standorts im Produktionsnetzwerk.

Abgeleitet aus der Zieldefinition wird das Aufgabenspektrum der Fabrik festgelegt. Dabei ist zunächst das zu fertigende Produktspektrum mit dem entsprechenden Mengengerüst zu definieren. Darauf aufbauend wird das Produkt-/Technologieportfolio der Fabrik bewertet, um eventuelle Bereinigungen des Produktspektrums vorzunehmen und die Schwerpunkte künftiger Technologieentwicklungen festzulegen. Anschließend werden die zukünftigen Kernaktivitäten der Fabrik bestimmt. Bei Nicht-Kernaktivitäten werden Outsourcingmöglichkeiten diskutiert und bewertet.

Nachdem die Ziele gesetzt und der Aufgabenumfang definiert ist, wird der wichtigste „Enabler", die Geschäftsprozesse der Fabrik, in Teil 3 in Angriff genommen. Dabei ist zwischen drei unterschiedlichen Prozesskategorien zu unterscheiden:

1. den Supply-Chain-Prozessen, die den Kern der Wertschöpfung im Unternehmen erbringen;
2. den Innovationsprozessen, getrennt nach Produkt und/oder Technologieentwicklung, und
3. den Unterstützungsprozessen, deren Hauptfunktion in der Unterstützung der Supply-Chain- und Innovationsprozesse liegt.

In Teil 4 des OPEX-Programms wird auf Basis der Ergebnisse des Prozessdesigns eine Aufbauorganisation entwickelt, die die Erfüllung der gesetzten Ziele optimal unterstützt. Kern ist dabei eine neue Produktionsorganisation, im Rahmen derer die Fertigung nach den festgelegten Produkt-/ Technologiekombinationen segmentiert und in unabhängige, sich selbst steuernde Produktionsbereiche organisiert wird. Diese Produktionsbereiche erhalten eine jeweils spezifische Aufgabendefinition, die sich an den übergeordneten Fabrikzielen orientiert.

5.1.1 Die neue Zielsetzung für die Europafabrik Reken

Die Europafabrik Reken im Münsterland, in der in erster Linie gefrorene Gemüseprodukte (wie Spinat oder Kräuter) und gefrorene Backwaren (wie Baguette oder Ciabatta) hergestellt werden, nahm als vierte Fabrik im Unilever-Verbund am Operational-Excellence-Programm teil. Ausgangspunkt war sowohl eine Teilintegration einer kleineren Fabrik, durch die ein neues Produktspektrum in Reken integriert wurde, als auch der Absatzrückgang eines für den Standort entscheidenden Produkts, des Blockspinats.

Die Formulierung der Zielsetzung (Teil 1) erfolgte in der Rekener Fabrik mit der gesamten Führungsmannschaft des Standorts. In der Zielsetzungsdiskussion haben wir externen Input (z. B. in Form von Kundenbefragungen oder externen Benchmarks) mit internem Input (z. B.: Wo sehen die Mitarbeiter ihre Fabrik in der Zukunft?) verbunden.

Abschließend wurde für die gesamte Fabrik eine Zielsetzung in den Dimensionen **Kosten, Qualität, Service und Innovationsfähigkeit** formuliert. Nur Geschäftsziele, die in einer gemeinsamen Diskussion unter Beteiligung der Mitarbeiter formuliert werden, haben auch eine Chance, Eingang in die persönliche Zielsetzung aller Führungskräfte zu finden.

Als wichtigstes **Kostenziel** haben wir die Erreichung der Wettbewerbsfähigkeit für die Fabrik definiert. Doch was heißt die Erreichung der Wettbewerbsfähigkeit? Das Ziel muss sein, im Vergleich mit dem Wettbewerb die Produkte zu gleichen oder günstigeren Kosten herzustellen. Um einen tatsächlichen Kostenvergleich zu ermitteln, setzten wir die Methode des „Qualified Benchmarking“ ein.

Für die wichtigsten Umsatzträger der Fabrik (Gemüseprodukte und Backwaren) haben wir das Rekener Produkt mit ausgewählten Konkurrenzprodukten verglichen (siehe Abbildung 5.1.1 – 1).

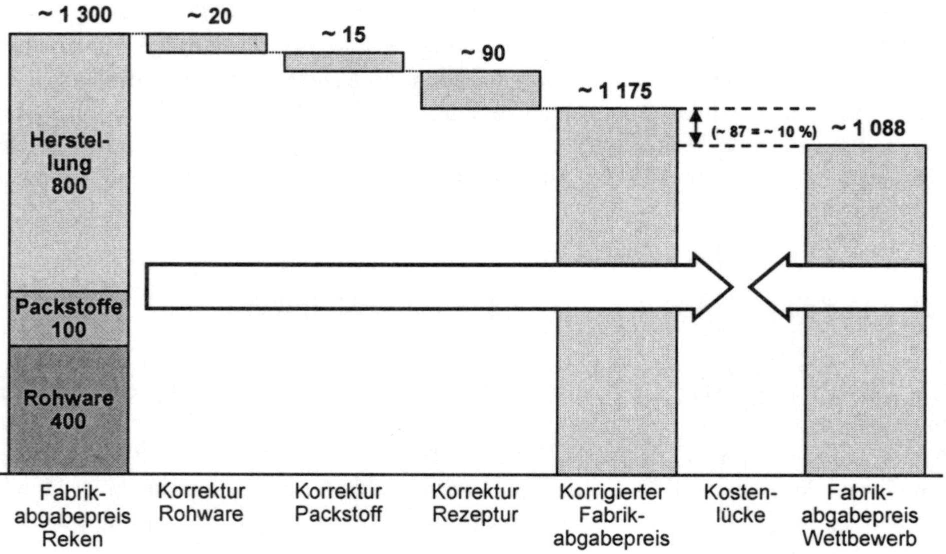

Abbildung 5.1.1 – 1: Qualified-Benchmarking-Methodik

Für die Fabrik relevant ist der Fabrikabgabepreis, mit dem sie am Markt mit dem Wettbewerber konkurriert - wobei nur Teile des Fabrikabgabepreises tatsächlich durch die Fabrik beeinflusst werden. Um also die tatsächliche Wettbewerbsfähigkeit der Fabrik zu bestimmen, müssen die Faktoren, für die die Fabrik nicht „verantwortlich" ist, ausgeschlossen werden. Dies gilt vor allem für Unterschiede in den eingesetzten Rohwaren, Packstoffen und den verwendeten Zutaten, die die Rezeptur bestimmen. So kann der tatsächliche Unterschied in den Fertigungskosten im Vergleich zum Wettbewerber ermittelt werden. Die Methodik wurde auf die Hauptumsatzträger der Fabrik angewandt.

Basierend auf der Ermittlung der Kostendifferenzen für die Hauptumsatzträger und Interviews mit den wichtigsten Kunden wurde das **Kostenziel** für die Herstellkosten mit einer Reduzierung von ca. 10 % definiert.

Neben optimalem Kostenmanagement ist es im sich schnell verändernden Konsumgüterbereich besonders wichtig, dass die Fabrik einen entscheidenden Beitrag zur Innovation liefert. Darunter sind sowohl neue Produkte, als auch neue Technologien zu verstehen. Als **Innovationsziel** wurden im Team konkrete Kennzahlen bezüglich

- Innovationsrate (Anteil neuer Produkte an der Gesamtmenge),
- Renovationsrate (Anteil überarbeiteter Produkte an der Gesamtmenge),
- Time to Market (durchschnittliche Dauer des Innovationsprozessabschnitts in der Fabrik),

- Technologierate (Anteil an Produkten, die mit neuen Technologien produziert werden),
- Einhaltung der Lernkurve (Erreichen des Kostenziels bei Neueinführung) und
- Einhaltung des Budgets für den Produktanlauf

vereinbart.

Oberstes **Qualitätsziel** ist die Zufriedenheit des Konsumenten. Daher wurde als Qualitätsziel eine Obergrenze für Kundenbeschwerden festgelegt. Daneben ist die Einhaltung der von den Vertriebseinheiten definierten Spezifikationen wichtig, die über einen Zielwert für gesperrte Ware berücksichtigt wird.

Bei den **Servicezielen** unterscheiden wir zwischen Zielen für das laufende Geschäft und für neue Geschäfte. Für das laufende Geschäft sind die Hauptziele ein hoher Lieferservicegrad am Ausgangslager und das Vermeiden von Stock-out-Situationen. Dies kann nur erreicht werden, wenn die Produktion die zugesagten Produkte zuverlässig herstellt, also eine hohe Produktionsstabilität aufweist. Abgerundet werden die Serviceleistungen für laufendes Kundengeschäft durch eine transparente, mit dem Kunden abgestimmte Kommunikation, beispielsweise ein effizientes Reklamationsmanagement mit vorgegebener Reklamationsbearbeitung innerhalb von 24 Stunden.

Für neue Geschäfte wurde unter anderem die Reaktionszeit verbessert: Neue Produkte sollen den anfragenden Vertriebseinheiten mit Produktkalkulationen und Mustern innerhalb von einer Woche angeboten werden können.

5.1.2 Der zukünftige Aufgabenumfang der Fabrik

Die Definition des Aufgabenumfangs der Fabrik begann mit der Frage, welche Produkte zukünftig mit welchen Technologien in der Fabrik gefertigt werden sollen. Im Falle der Europafabrik Reken war bereits eine Bereinigung des Produktportfolios durchgeführt worden, sodass sich die Bewertung auf die Fertigungstechnologie konzentrierte.

Hierfür sind zwei Parameter entscheidend: zum einen die Attraktivität einer eingesetzten Technologie, also ihr Potential zur Erreichung von Wettbewerbsvorteilen hinsichtlich Kosten und Qualität, zum anderen die Position der Fabrik hinsichtlich der Beherrschung dieser Technologie im Vergleich zum Wettbewerb.

Abbildung 5.1.2 – 1 zeigt beispielhaft ein solches Technologieportfolio (die gestrichelten Linien kennzeichnen Technologiekombinationen, die zur Herstellung eines Produkts benötigt werden). Auffällig ist

- die schwache Position bei den Technologien 1 und 2, die als sehr attraktiv eingeschätzt werden. Hier haben die Produktionsverantwortlichen die Aufgabe, die Prozessbeherrschung signifikant zu verbessern.

- die starke Position bei den Technologien 8 und 9, die als wenig attraktiv eingeschätzt werden. Hier streben wir eine Substitution hin zu attraktiveren Technologien an, die uns eine Differenzierung im Wettbewerb ermöglichen.

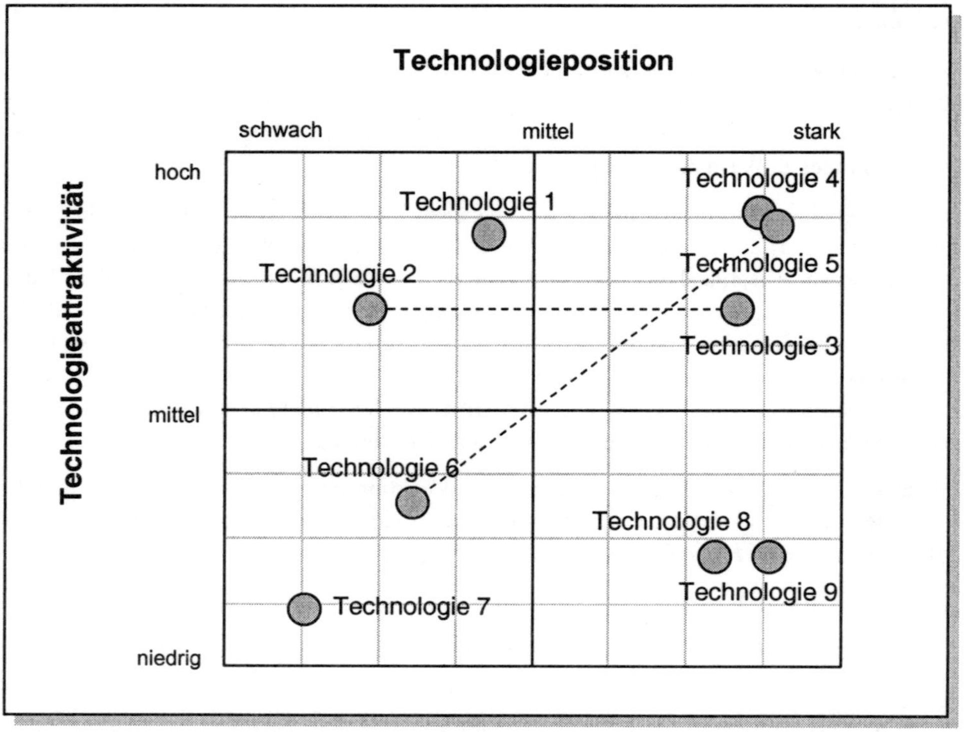

Abbildung 5.1.2 – 1: Fertigungstechnologie: Bewertung nach zwei Parametern

Ein zweiter wichtiger Baustein für die Aufgabendefinition der Fabrik ist die **Festlegung der Kernaktivitäten** und zwar aus drei Gründen:

1. Durch gezielte Fremdvergabe von Leistungen kann die Kostensituation erheblich verbessert werden.
2. Die vorhandenen Managementressourcen der Fabrik können auf die entscheidenden zukunftsweisenden Aufgaben konzentriert werden.
3. Durch den Verkauf von Anlagen oder Gebäuden kann das eingesetzte Kapital reduziert werden.

Bei der Definition unterscheiden wir zwischen drei Aktivitätengruppen:

1. Echte Kernaktivitäten des Standorts (Kriterien: wettbewerbsdifferenzierendes Know-how ist am Standort vorhanden, durch die Aktivität wird ein Wettbewerbsvorteil erzielt);
2. Aktivitäten, die keinen direkten Wettbewerbsvorteil bieten, deren Fremdvergabe allerdings schwierig sein könnte (Make-or-Buy-Aktivitäten);
3. Aktivitäten, die keinen Wettbewerbsvorteil erzielen können: Ihre Funktion bindet Managementressourcen und sollte zugekauft werden (eindeutiger Zukauf).

Entscheidend bei Auswahl und Bewertung hinsichtlich eines möglichen Fremdbezugs ist die Kombination aus einer objektiven Methode zur Entscheidungsfindung und einem pragmatischen Ansatz.

Für Langnese-Iglo ergab sich daraus:

- der Verkauf der Energieerzeugung des Standorts (ein Dienstleister kann zum einen die Energieversorgung und -erzeugung aufgrund seines größeren Know-hows optimieren; zum anderen wird das Anlagevermögen erheblich reduziert) und
- das „klassische Outsourcing“ für Bereiche wie Werkschutz, Betreiben der Kantine und Wartung des Fuhrparks (durch eine gezielte Fremdvergabe werden die Kosten um 20 bis 30 % reduziert und Managementressourcen frei).

5.1.3 Prozessredesign

Nach Festlegung der zukünftigen Ziele und des Aufgabenumfangs der Fabrik werden die Kernleistungsprozesse der Fabrik auf die neuen Ziele und Aufgaben ausgerichtet. Die Kernleistungsprozesse der Fabrik haben wir nach Supply-Chain-, Innovation-Chain- und Support-Prozessen gegliedert (siehe Abbildung 5.1.3 – 1).

Im folgenden werden zwei Prozesse herausgegriffen, um die erzielten Veränderungen aufzuzeigen: zum einen die Produktion und produktionsbezogene Instandhaltung, da dieser Prozess in Reken den mit Abstand größten Kostenanteil repräsentiert. Zum anderen wird der Customer Service (Vertrieb) diskutiert, der sich in einer europäischen Fabrik weit komplexer gestaltet als in rein national ausgerichteten Fabriken. Entscheidend für das Redesign beider Prozesse ist die Festlegung der Excellenceprinzipien, die den Sollzustand des Prozesses beschreiben, und die anschließende Ermittlung des Handlungsbedarfs anhand des Vergleichs mit der Ist-Situation. Für die Festlegung der Excellenceprinzipien werden Benchmarks aus der Konsum- und Nahrungsmittelindustrie ebenso herangezogen wie Best-Practice-Beispiele aus anderen Industrien. Nicht die Ermittlung von Vergleichswerten ist hier wichtig, sondern die Beschreibung der Methoden und Vorgehensweisen, mit denen überragende Ergebnisse erzielt werden.

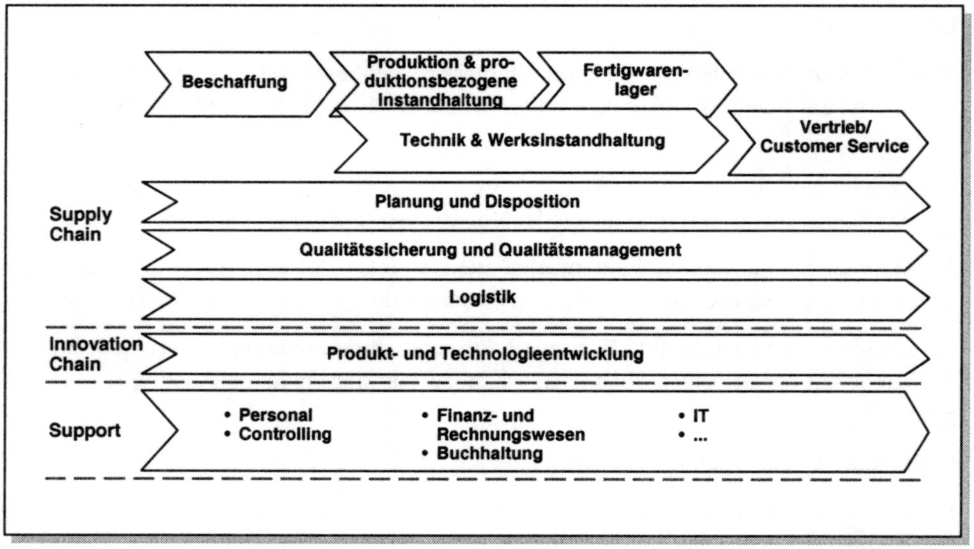

Abbildung 5.1.3 – 1: Die Kernleistungsprozesse: Untergliederung nach der Wertschöpfungskette

Die Excellenceprinzipien am Beispiel Produktion und produktionsbezogene Instandhaltung

Für die Produktion und die produktionsbezogene Instandhaltung haben wir sieben Excellencekriterien definiert:

- Produktionsstabilität (Einhaltung des Produktionsplans, gleichbleibend hohe Produktivität),
- Regelung der Verantwortlichkeiten (Delegation von Führungsaufgaben auf Produktionsteams),
- Verbesserungsprozess (Umsetzungsgrad von Kaizen),
- Integrationskonzept (Integration indirekter Tätigkeiten in Produktionsteams),
- Instandhaltungsstrategie (differenzierte Ansätze je nach Anlagentyp und -anfälligkeit),
- Flexibilität (Qualifikationsprofile und Anpassungsmechanismen bei kurzfristigen Änderungen) und
- Monitoring und Erfolgsmessung (Online-System, klare Kennzahlen und einfacher Zugriff).

Abbildung 5.1.3 – 2 zeigt das Beispiel einer Excellence-Checkliste für die Integration indirekter Tätigkeiten. Die Vollintegration anlagennaher Instandhaltungs- und Qualitätssicherungsaufgaben ist zwar seit vielen Jahren ein Ziel moderner Produktionskonzepte, hat sich aber immer noch nicht voll durchgesetzt. Auch in Reken hatten wir diesbezüglich noch Handlungsbedarf.

	Excellence-Levels			
Kriterium	**Unter Durchschnitt**	**Durchschnitt**	**Wettbewerbsfähig**	**Exzellent**
• Integration von Qualitäts- und Instandhaltungsaufgaben	• Eigenständige Abteilungen, funktionale "Silos"	• Qualitätssicherung und Instandhaltung arbeiten in Teams in der Produktion, sind aber separaten Organisationseinheiten zugeordnet	• Teile von Qualitätssicherungs- und Instandhaltungspersonal arbeiten in Produktionsteams ohne andere Berichtslinien	• Produktionsbezogene Tätigkeiten sind voll in Teams integriert, keine Aufgabentrennung mehr

Abbildung 5.1.3 – 2: Excellence-Checkliste für die Integration indirekter Tätigkeiten

Mit der Umsetzung der Excellencekriterien in Produktion und produktionsnaher Instandhaltung konnten wir unsere Kosten bis heute um ca. 12 % senken.

Die Excellenceprinzipien am Beispiel Customer Service

Der Customer Service ist der „Vertrieb“ der Fabrik und hat durch die internationale Ausrichtung der neuen Frozen-Food-Fabriken stark erweiterte Aufgaben im Vergleich zu einer nationalen Fabrik.

Auf der einen Seite hat der Customer Service die Aufgabe, die internationalen Unilever-Konzernkunden zu betreuen, an die die Hauptproduktionsmengen der Fabrik abgeliefert werden. Auf der anderen Seite wickelt der Customer Service das Geschäft mit Drittkunden oder Handelsmarken ab. Hier nimmt er die volle Vertriebsaufgabe inklusive Preisverhandlung wahr. Das Geschäft mit den Drittkunden unterstützt das Konzerngeschäft, da darüber jederzeit der Zugang zum Markt vorhanden ist und sowohl Preis (und damit auch Kostenniveaus) als auch Markttrends leichter zu analysieren sind. Das Drittkundengeschäft ist also als „Window to the Market" notwendig, um die Wettbewerbsfähigkeit der Fabrik ständig zu prüfen.

Darüber hinaus leistet das Drittkundengeschäft einen positiven Beitrag zur Kapazitätsauslastung für die Fabrik und damit zur Fixkostendeckung.

Für den Customer Service haben wir **vier Excellencekriterien** definiert:

- **Kundenfokus**: Wir kennen die Unternehmensziele unserer Hauptkunden und deren größte Herausforderungen. Mit diesem Wissen arbeiten wir sowohl an der Weiterentwicklung vorhandener Kunden, als auch an der Gewinnung neuer Kunden.
- **Schnittstelle zum Kunden**: Die Schnittstelle zum Kunden wird durch Customer-Service-Teams abgedeckt, da an dieser Schnittstelle multifunktionale Aufgaben wahrgenommen werden. Gemeinsam mit dem Kunden werden in den Customer-Service-Teams zukünftige Schwerpunkte der Zusammenarbeit definiert. Die Messung der Kundenzufriedenheit durch ein Kennzahlensystem und regelmäßige Umfragen ist integraler Bestandteil des Kundenmanagements.
- **Integration der Supply Chain**: Die Fabrik verwendet vorhandene Konzepte und IT-Lösungen wie Vendor Manage Inventory (VMI), um den Fertigwarenbestand beim Kunden zu managen. Auftrags- und Planungsdaten werden – falls möglich – online vom Kunden übergeben, um ein Maximum an Transparenz sicherzustellen.
- **Management Drittkundengeschäft**: Um das Geschäft mit Handelsmarken zu managen, ist ein klares Regelwerk für den Customer Service erforderlich (Angebote nur zu Vollkosten, zu verbesserter Kapazitätsauslastung, ohne signifikante Erhöhung der Komplexität in der Fertigung etc.).

Abgeleitet aus den Excellenceprinzipien haben wir für die Customer-Service-Teams Gestaltungsprinzipien und Gruppenregeln für die Zusammenarbeit erarbeitet:

Gestaltungsprinzipien

- Customer Service richtet sich nach den **individuellen Kundenanforderungen**
- Eine zügige Bearbeitung der Kundenanfragen ist meist nur durch **crossfunktionale Zusammenarbeit** zu gewährleisten
- **Kern** der Kundenteams sind Customer Service, Entwicklung, Planung und Qualität
- **Auf Anfrage** werden die Teams durch **weitere Funktionen** unterstützt wie z. B. Controlling, Produktion

Gruppenregeln

- Die Teams sind **kundenspezifisch** ausgerichtet
- Die Teams haben **Entscheidungsvollmacht** und es wird von ihnen erwartet, dass sie entscheiden
- Die Teams sind **verantwortlich** für ihr **Ergebnis** (Umsatz, Deckungsbeitrag, ...)
- Die Teams wickeln auch **Drittkundengeschäfte und Handelsmarken** ab
- Die Teams treffen sich bei **Bedarf,** aber **mindestens einmal im Monat,** um die derzeitigen Aktivitäten zu besprechen
- **Andere Abteilungen** wie z. B. Controlling, Produktion stellen **feste Ressourcen** für die Kundenteams bereit

Abbildung 5.1.3 – 3: Customer Service: Gestaltungsprinzipien und Gruppenregeln

Das Ergebnis der Umsetzung ist ein wesentlich besseres Verhältnis zu anderen Vertriebspartnern. So kann der Standort Reken seine Rolle im internen Wettbewerb um Produktionsmengen und Produkte behaupten und ausbauen.

5.1.4 Umbau der Organisationsstruktur in Reken

Nach der Neuausrichtung der Kernleistungsprozesse der Fabrik haben wir abschließend die **Organisationsstrukturen** des Rekener Werks entwickelt. In einem ersten Schritt haben wir die neue Produktionsorganisation festgelegt.

Sie besteht aus einer **Segmentierung der Produktion** und der detaillierten Zieldefinition für jeden Fertigungsbereich. Bei der Segmentierung der Produktion haben wir uns von vier Kriterien leiten lassen:

- den Serviceanforderungen auf Kundenseite (z. B. unterschiedliche Lieferzeitanforderungen),
- den Produkt-Technologiekombinationen (Welche Produkte werden mit der gleichen Technologie gefertigt?),

- der Komplexität (z. B. einheitliche Anzahl und Losgrößen der gefertigten Produkte in einer Fertigungseinheit) und
- der Saisonalität (z. B. unterschiedliche saisonal bedingte Anlagenauslastungen).

Wir erhielten als Ergebnis fünf Produktionsbereiche mit jeweils unterschiedlichen Zielsetzungen (siehe Abbildung 5.1.4 – 1).

Produktions-bereich	Produktionsbereich 1 Technologie 1	 Technologie 2	Produktions-bereich 2	Produktions-bereich 3	Produktions-bereich 4	Produktions-bereich 5
Absatz-erwartung	↘	↑	↗	→	↗	↕
Kommentar	Commo-dity	Notwen-digkeit	Entwicklungs-möglichkeit	Commodity	Entwicklungsmög-lichkeit	Excellence in Pro-duktion; Investition in Flexibilität
Kosten - Material	Kosten-reduzierung	-		Kosten-reduzierung / vgl. Benchmarks	Forcierung Excellence;	vgl. Benchmarks
- Herstellung	Kosten-reduzierung	Effiziente Herstellung	Effiziente Herstellung	Kosten-reduzierung	Effiziente Herstellung	Effiziente Herstellung
Innovation	Stop Invest. Nur Rationa-lisierungs-invest.	Investitions-tätigkeiten	Investitions-tätigkeiten	Product Maintenance, stop investments	Investitions-tätigkeiten	Ausgewählte Investitionen
Qualität	Differenzierte, kundenspezifische Qualitätsanforderungen					
Service	Hoch	Exzellent	Exzellent	Hoch	Exzellent	Exzellent

Abbildung 5.1.4 – 1: Zieldefinition

Danach wurden die Leitlinien der übergeordneten Organisation und die Organisationsprinzipien der neuen Fabrik erarbeitet.

Zunächst die Leitlinien:

- Oberstes Ziel ist die Wettbewerbsfähigkeit der Fabrik, sowohl im internen Wettbewerb mit anderen Unilever-Fabriken als auch im externen Wettbewerb mit Fremdfabriken.
- Als Produzent für Markenartikel muss die Fabrik höchsten Qualitätsansprüchen gerecht werden.
- Innovation ist der Schlüsselbaustein für eine beherrschende Marktstellung. Die Fabrik muss durch eine hohe Innovationsrate ihren Beitrag zum Geschäftsergebnis liefern. Das bedeutet schnelle Umsetzung von Produkt- und Prozessinnovationen sowie einen kontinuierlichen Verbesserungsprozess für vorhandene Produkte und Prozesse.

- Um jederzeit einen Einblick in den Markt zu haben und einen Beitrag zur Wirtschaftlichkeit der Produktion zu leisten, wird in Reken opportunistisch in geringem Maße Drittkundengeschäft betrieben.

Die **Organisationsprinzipien** beschreiben die zukünftige Zusammenarbeit innerhalb der Fabrik.

- Als oberstes Prinzip, das sich durch das gesamte Unternehmen zieht, gilt die Delegation der Verantwortung an die Mitarbeiter. Dies drückt sich in den europaweiten Kundenteams des Customer Service genauso aus wie in den Produktionsteams.
- Für eine Europafabrik liegt das Hauptaugenmerk auf der Produktion. Die Supportprozesse haben die Aufgabe, die Produktion optimal zu unterstützen.
- Um die Fabrik zu steuern, werden möglichst selbständige Produktionsbereiche geschaffen, die ihre Kosten und Leistungszahlen selbständig verantworten.
- Die Produktion ist damit eingebettet in eine schlanke Organisation, damit die oberste Leitlinie, die Wettbewerbsfähigkeit, gewährleistet werden kann.

Abgeleitet aus Leitlinien und Organisationsprinzipien haben wir die oberste Führungsebene der Fabrik definiert (siehe Abbildung 5.1.4 – 2).

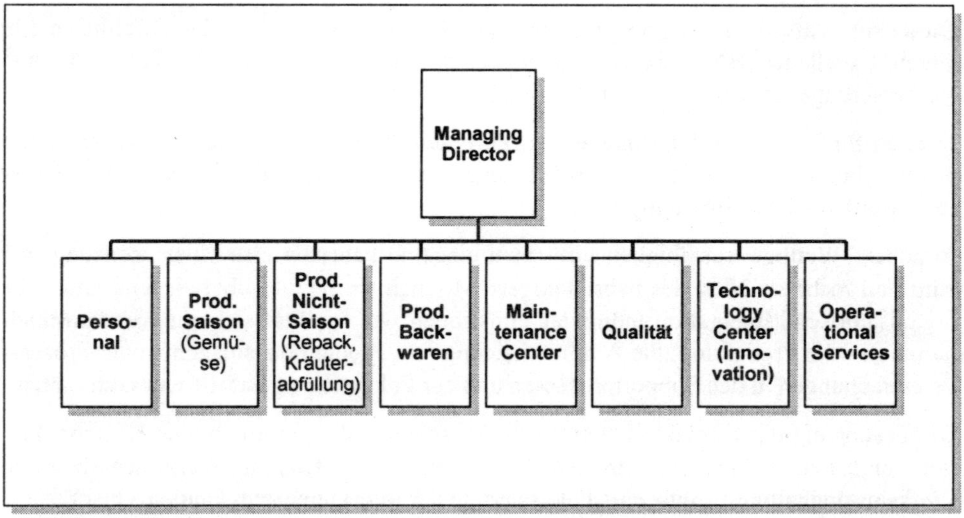

Abbildung 5.1.4 – 2: Die zukünftige Organisationsstruktur der Fabrik Reken

An den Werksleiter berichten demgemäß acht Verantwortliche direkt:

- der Personalleiter, der für alle Personalfragen zuständig ist;
- die drei Produktionsleiter, die jeweils einen oder mehrere Produktionsbereiche verantworten;
- der Leiter des Maintenance Centers, der für die Instandhaltung der Infrastruktur, die IT und die Sicherheit des Standorts zuständig ist;
- der Qualitätsmanager, der die Qualitätsleistung der Fabrik verantwortet;
- der Leiter des Technology Centers, der die Produkt- und Prozessinnovationen am Standort koordiniert und die Schnittstelle zur Produktentwicklung und zum Marketing sicherstellt;
- der Leiter der Operational Services, der sowohl alle Supply-Chain-Aufgaben, wie Planung, Logistik und Einkauf bündelt, als auch die kommerziellen Aufgaben der Sourcing Unit verantwortet. Ihm sind auch die Teamleiter des Customer Service zugeordnet.

5.1.5 Excellence Blueprint – Die Ergebnisse

Die Lösungsansätze aus allen vier Teilen des OPEX-Programms wurden abschließend in einem Excellence Blueprint zusammengefasst, um einen Überblick über Ziele und Verbesserungen zu geben.

In allen fünf Fabriken der Unilever-Frozen-Food-Gruppe konnten je nach Ausrichtung des Programms entscheidende Verbesserungen erzielt werden, die hier insgesamt dargestellt werden (siehe Abbildung 5.1.5 – 1).

In puncto Wettbewerbsfähigkeit erreichten einzelne Fabriken eine Kostensenkung von zum Teil mehr als 20 % des Fabrikbudgets. Möglich wurde dies überwiegend durch die organisatorische Integration indirekter Funktionen wie Qualitätssicherung und Instandhaltung in die Produktion, die Automatisierung von Produktionsanlagen sowie Prozessvereinfachungen in den Supportprozessen und der Fokussierung auf die Kernaktivitäten.

Die Festlegung der Kernaktivitäten für die einzelnen Fabriken ergab eine Kostenreduktion von bis zu 30 % in den betroffenen Funktionen (z. B. Kantine, Werkssicherheit und Werksinstandhaltung) sowie eine Fokussierung der Managementressourcen.

Diese Erfolge werden flankiert von der gesteigerten Qualität des Endprodukts, aber auch des Produktionsprozesses insgesamt (beispielsweise konnte der Ausschuss erheblich reduziert werden). Durch die zuvor beschriebenen veränderten Aufgaben des Customer Service erzielten wir einen eindeutig verbesserten Service (kurze Liefer- und Antwortzeiten) sowohl für die Unilever-Konzernkunden als auch für die Drittkunden.

Kosten	Qualität	Service	Innovationsfähigkeit
→Kostensenkung von mehr als 20 % des Fabrikbudgets durch: • Organisatorische Integration indirekter Funktionen in Produktion wie Instandhaltung und Qualität • Automatisierung der Produktionsanlagen • Outsourcing von Nicht-Kernaktivitäten	→Qualitätsverbesserung im Produkt und Prozess durch: • Schaffung von Qualitätsverantwortung in der Produktion; Qualität wird produziert, nicht kontrolliert • Reduzierung von Ausschuss durch stabile Produktionsprozesse	→Gesteigerter Service für den Kunden und in der Fabrik durch: • Einführung/Ausweitung von Customer-Service-Aktivitäten in der Fabrik • Verkürzte Lieferzeiten der Produktion durch optimierten Produktionsplan	→Verkürzte Produktentwicklungszyklen/Time to Market durch: • Einführung Technology Center • Zusammenführung von Produkt- und Prozessentwicklung • Konsequentes Projektmanagement für Entwicklungsprojekte

Abbildung 5.1.5 – 1: Vier Dimensionen für den Erfolg

Besonders hervorzuheben sind auch die Prozessverbesserungen in der Fabrik mit dem Ziel einer gesteigerten Innovationsfähigkeit. Diese drückt sich vor allem durch die Anzahl erfolgreicher Neuentwicklungen aus, aber auch durch verkürzte Produktentwicklungszyklen. Wichtige Verbesserungen waren dabei die Zusammenführung von Produkt- und Prozessentwicklung mit durchgängiger Verantwortung und konsequentem Projektmanagement.

5.1.6 Die Erfolgsfaktoren von OPEX

Um die aufgezeigten wichtigen Veränderungen nicht nur zu konzipieren, sondern auch schnell umzusetzen, waren einige Faktoren entscheidend:

- Alle Mitarbeiter in der Fabrik mussten auf eine einheitliche zukünftige Zielsetzung der Fabrik eingeschworen werden, die Ziele sollten für alle Mitarbeiter transparent, greifbar und messbar sein, und Fabrikziele sollten in die persönliche Zielvereinbarung der Führungskräfte integriert werden.
- Die Ziele mussten sich in der Neugestaltung der Aufgaben wiederfinden. Dies spiegelt sich sowohl in den zukünftigen Produkten und Technologien als auch den Kernaufgaben der Fabrik wider.

- Bei der Neugestaltung der Prozesse ging es darum, gemeinsam mit den Mitarbeitern die notwendigen Analysen und Datenerhebungen durchzuführen, alle Gestaltungsprinzipien zu operationalisieren, sämtliche Prozesse mit den Mitarbeitern anhand der Excellenceprinzipien zu entwickeln und nicht top-down vorzugeben, und schließlich die notwendigen Veränderungen schnell umzusetzen.
- Die veränderte Organisationsstruktur reflektiert die veränderten Aufgaben sowie die neu definierten Prozesse und bildet somit den organisatorischen Rahmen für eine neu ausgerichtete Europafabrik.

Die Autoren

Peter Berggren, Arthur D. Little International, Inc.,

ist Manager im Geschäftsbereich Operations Management. Seinen Tätigkeitsschwerpunkt bilden Projekte im Bereich Vertrieb, Produktion, Einkauf und Post Merger Integration sowie Projektmanagement. Peter Berggren hat Betriebs- und Volkswirtschaft an der Universität Göteborg (Schweden) und an der Universität Trier studiert. Vor seiner Tätigkeit bei Arthur D. Little war er als Area Sales Manager Export für die Volkswagen AG in Wolfsburg tätig.

Dr. Peter Boeken, CPIM, F. Hoffmann-LaRoche Ltd.,

leitet im Bereich Global Supply Chain & Specialty Manufacturing der Pharma-Division die Abteilung Texts & Regulations. Neben der operationellen Umsetzung länderspezifischer Anforderungen an bedruckte Packmittel liegt der Tätigkeitsschwerpunkt in der internationalen Integration und Harmonisierung der betreffenden Arbeitsprozesse. Peter Boeken hat an der Universität Bonn Pharmazie studiert (Approbation zum Apotheker 1987) und in Pharmazeutischer Chemie promoviert (Dr. rer. nat. (1991), Lehrstuhl Professor Dr. G. Rücker). Nach Eintritt in die Galenische Produktion der F. Hoffmann-LaRoche Ltd. in Basel war er fünf Jahre lang als Betriebsleiter für unterschiedliche Produktionsbetriebe im Bereich der Halbfesten und Sterilen Arzneiformen verantwortlich. Im Zuge des Wechsels in den Bereich Global Supply Chain absolvierte Peter Boeken eine Ausbildung zum CPIM. Während der vergangenen drei Jahre war er für produktbezogene und projektbezogene Supply-Chain-Optimierungsaufgaben verantwortlich.

Roy Davis, Arthur D. Little Limited,

ist Vice President, Director von Arthur D. Little Europe und Leiter des Geschäftsbereichs Global Operations Management. Seine Beratungsschwerpunkte liegen im Supply Chain Management, Manufacturing und Operations Management. Vor Beginn seiner Tätigkeit bei Arthur D. Little arbeitete Roy Davis mehr als zehn Jahre im Manufacturing-Bereich der Öl-, Automobil- und der Elektronikindustrie. Roy Davis schloss sein Studium an der Southampton University mit einem Honours Degree in Maschinenbau ab und erwarb einen MBA an der London Business School.

Norbert Dummeldinger, SCA Hygiene Paper,

ist Competence Area Leader SAP Production Planning. Vor seinem innerbetrieblichen Wechsel zu IT-Services war er mehrere Jahre Manager Systems & Organisation im Bereich Logistik. Sein Schwerpunkt lag dabei in der Optimierung von Logistikprozessen und der dazugehörigen EDV-Tools. Norbert Dummeldinger studierte Wirtschaftsingenieurwesen (Schwerpunkt Maschinenbau) an der Fachhochschule für Technik in Mannheim und an der Fachhochschule für Wirtschaft in Ludwigshafen.

Dr. Andreas Ferdinand, Arthur D. Little International, Inc.,

ist Senior Project Manager. Seine Beratungsschwerpunkte liegen auf den Gebieten Strategieentwicklung, Technologie- und Innovationsmanagement sowie Effizienzsteigerung und Kostenmanagement. Andreas Ferdinand hat acht Jahre Industrieerfahrung bei der Hoechst Diafoil GmbH und der Zentralen Direktionsabteilung/Strategischen Unternehmensplanung der Hoechst AG. Er studierte Chemie an der Technischen Universität Berlin und promovierte dort auf dem Gebiet der Polymerchemie. Das MBA-Studium absolvierte er am Henley-College.

Christoph Haeger, Arthur D. Little International, Inc.,

ist Consultant mit Branchenschwerpunkt im Bereich der pharmazeutischen und chemischen Industrie, wobei er sich auf die Bereiche Controlling, Strategie und Restrukturierung konzentriert. Christoph Haeger studierte europäische Betriebswirtschaftslehre an der University of Hertfordshire/International Campus in Köln.

Dr. Manfred Hupfauer, Arthur D. Little Limited,

ist Manager im Bereich Operations Management. Seinen Tätigkeitsschwerpunkt bilden Projekte im Bereich Organisationsentwicklung und in der Neuausrichtung und Effizienzsteigerung in Einkauf und Materialwirtschaft, Produktion, Auftragsabwicklung und Logistik in den Branchen Automobilindustrie, Maschinen- und Anlagenbau, Elektrotechnik und Prozessindustrie. Manfred Hupfauer hat an der Technischen Universität München Maschinenbau studiert (Dipl.-Ing.) sowie das Arbeits- und Wirtschaftswissenschaftliche Aufbaustudium absolviert (Dipl.-Wirtsch.-Ing.). Vor seinem Eintritt bei Arthur D. Little hat er als Assistent an der TUM gearbeitet, wo er auch promovierte.

Lutz Imhof, Siemens AG,

ist seit 1969 im Bereich Kommunikationstechnik beschäftigt. Seine beruflichen Stationen waren Marketing/Produktionsplanung, vertriebliche Akquisition und vertrieblich-technischer Support. Bei seiner heutigen Tätigkeit im Bereich Logistik liegen die Schwerpunkte in der Optimierung interner und externer Geschäftsabläufe und -prozesse. Lutz Imhof hat Nachrichtentechnik in Nürnberg studiert.

Dr. Norbert Klapper, Arthur D. Little International, Inc.,

ist Vice President und leitet den Beratungsschwerpunkt Operations Management Deutschland/Österreich. Er ist Mitglied der Geschäftsleitung von Arthur D. Little. Seinen Tätigkeitsschwerpunkt bilden internationale Projekte im Bereich Operations Strategy, Supply Chain Management und Verbesserungsprogramme in Distribution, Produktion und Beschaffung. Norbert Klapper hat Wirtschaftsingenieurwesen an der Technischen Universität Darmstadt studiert. Vor seiner Tätigkeit bei Arthur D. Little arbeitete er als Assistent an der Technischen Universität München (Lehrstuhl Prof. Wildemann), wo er auch promovierte.

Andreas Klaus, Leoni AG,

trat 1981 nach dem Maschinenbaustudium in ein Kabelwerk eines international tätigen französischen Konzerns ein und leitete dort die Fertigung für die Draht- und Litzenherstellung. 1990 übernahm er im selben Konzern die Werksleitung einer neu errichteten Produktionsstätte in der Oberpfalz, an deren Konzeption und Aufbau er selbst verantwortlich mitgewirkt hat. Im Herbst 1996 wechselte er zur Leoni Draht GmbH, einem Unternehmensbereich der Leoni AG. Hier ist er als Produktionsbereichsleiter weltweit für die Technik aller Standorte im Unternehmensbereich verantwortlich.

Libor Kotlik, Arthur D. Little, Inc.,

ist Senior Manager im Bereich Operations Management. Seine Beratungsschwerpunkte sind Supply Chain Management, Procurement, Change Management und E-Business. Libor Kotlik verfügt über mehr als zehn Jahre Berufs- und Beratungserfahrung in der Konsumgüter-, der pharmazeutischen und in der Energieversorgungsindustrie. Vor seiner Tätigkeit bei Arthur D. Little hatte er eine leitende Position im Bereich Materials Management und Manufacturing Operations bei Procter & Gamble und der Beiersdorf AG. Libor Kotlik studierte Elektrotechnik an der Technischen Universität Darmstadt.

Michael Kowalski, Isola AG,

ist seit 1996 im Vorstand der Isola AG, Düren, und seit Januar 1998 deren Sprecher. Das Unternehmen ist als Tochter von Rütgers Weltmarktführer bei Elektrolaminaten und erzielt mit ca. 4 000 beschäftigten Mitarbeitern einen Umsatz von rund 1,6 Milliarden DM. Vor seiner Tätigkeit bei der Isola AG war Michael Kowalski Mitglied bei der Geschäftsleitung in der deutschen Niederlassung von Arthur D. Little für den Beratungsbereich Produktions- und Logistikmanagement in Europa verantwortlich. Zuvor war er Mitgeschäftsführer eines kleineren Maschinenherstellers. Michael Kowalski erwarb sein Diplom als Bauingenieur an der Universität Stuttgart und absolvierte ein Aufbaustudium zum Diplomwirtschaftsingenieur an der TU München.

Charles Marlier, Reader's Digest,

verfügt über 27 Jahre Erfahrung im Operations Management bei Reader's Digest. Seine Schwerpunkte liegen im Bereich Distribution, Postwesen und Customer Service. In Zusammenarbeit mit Arthur D. Little hat er bei Reader's Digest in Europa die Implementierung von Best Practices in der Supply Chain geleitet und ist nun verantwortlich für die Implementierung von Oracle ERP bei Reader's Digest in den USA. Charles Marlier studierte Wirtschaftswissenschaften und Massenkommunikation an der Universität von Louvain/Leuven in Belgien.

Christoph Meyerrose, Lufthansa Technik AG,

ist General Manager Strategic Purchasing in der Lufthansa Technik AG, der er seit 22 Jahren angehört. Im Rahmen seiner derzeitigen Tätigkeit ist er für das bereichsübergreifende Generieren von Potentialen im Einkaufs- und Beschaffungsbereich und deren zeitgerechte Umsetzung verantwortlich, was unter anderem auch die Realisierung existierender Einkaufspotentiale innerhalb des Star Alliance Verbundes einschließt. Christoph Meyerrose ist Luftverkehrskaufmann und hat Betriebswirtschaftslehre an der Universität Hamburg studiert.

Dr. Kurt Orthmann, Arthur D. Little International, Inc.,

ist Manager im Bereich Operations Management. Seine Schwerpunkte liegen in der Effizienzsteigerung in Produktion und Beschaffung, Logistik, Optimierung der Forschung und Entwicklung sowie der Reorganisation von Geschäftsprozessen. Vor seinem Eintritt bei Arthur D. Little war er mehrere Jahre in der Industrie tätig, zuletzt als Program Manager für einen führenden Halbleiterhersteller. Kurt Orthmann studierte Maschinenbau mit dem Schwerpunkt Betriebs- und Fertigungstechnik an der Technischen Universität München.

Michael von Rudloff, Langnese-Iglo GmbH,

ist Sourcing Unit-Director und für die Herstellung und Beschaffung der Tiefkühlproduktion für Langnese-Iglo und andere internationale Unilever-Vertriebsorganisationen zuständig. Er sammelte Erfahrung in verschiedenen nationalen und internationalen Funktionen in Entwicklung, Produktion, Forschung und Technik im Unilever-Konzern, dem er seit 20 Jahren angehört. Er studierte Maschinenbau und Betriebswirtschaft an der TU-München. In den letzten Jahren war er insbesondere mit Restrukturierungsaufgaben betraut, um im sich verschärfenden Wettbewerb der Lebensmittelindustrie die Wirtschaftlichkeit der Unilever-Marken sicherzustellen.

Roland Scheffler, Arthur D. Little International, Inc.,

ist als Consultant im Bereich Operations Management seit 1997 tätig. Seinen Schwerpunkt bilden internationale Projekte in den Bereichen Supply Chain Management, Strategien der Effizienzsteigerung in der Produktion und Logistik, sowie in der Reorganisation von Geschäftsprozessen. Roland Scheffler absolvierte das Studium der Betriebswirtschaftslehre an der Ludwig-Maximilians-Universität in München und hat ein Diplom in Business Administration an der University of California in Berkeley erworben.

Wolfram Scholl, Arthur D. Little International, Inc.,

ist Senior Project Manager bei Arthur D. Little und arbeitet seit sechs Jahren im Bereich Operations Management mit Fokus auf Operations Strategy, Supply Chain Management, Prozessverbesserungen in Beschaffung, Produktion und Logistik sowie Organisationsgestaltung. Wolfram Scholl studierte an der Universität Kaiserslautern Wirtschaftsingenieurwesen (Ausrichtung Maschinenbau).

Oliver Schubert, Arthur D. Little International, Inc.,

ist als Consultant im E-Business-Center von Arthur D. Little tätig. Seine Beratungsschwerpunkte liegen auf Operations Management/Logistik und unterstützenden E-Business-Technologien wie E-Fulfillment und E-Procurement. Oliver Schubert studierte Wirtschaftsingenieurwesen an der Technischen Universität in Berlin und an der University of California, Berkeley; zusätzlich erwarb Oliver Schubert einen MBA an der Ecole Nationale des Ponts et Chaussées in Paris. Vor seiner Tätigkeit bei Arthur D. Little entwickelte er E-Commerce Sites in San Francisco und Los Angeles.

Michael Schunda, Arthur D. Little International, Inc.,

ist Senior Project Manager im Bereich Operations Management bei Arthur D. Little und hat sechs Jahre Beratungserfahrung. Seine Tätigkeitsschwerpunkte liegen im Bereich Rationalisierung und Effizienzsteigerung in Produktion und Logistik sowie Organisation. Michael Schunda absolvierte das Studium der Betriebswirtschaftslehre an der Friedrich-Alexander-Universität in Nürnberg mit den Studienschwerpunkten Statistik, Logistik und Operations Research.

Markus Thoma, Arthur D. Little International, Inc.,

ist Project Manager im Bereich Operations Management und befasst sich schwerpunktmäßig mit Management von Einkauf und Beschaffung, internationaler Produktionsstrategie, Produktionsorganisation und Wissensmanagement. Markus Thoma studierte Wirtschaftsingenieurwesen an der Fachhochschule München und Management an der Ecole Supérieure de Commerce de Grenoble (ESCG).

Stefan Treiber, Arthur D. Little International, Inc.,

ist Manager im Bereich Operations Management. Seine Beratungsschwerpunkte liegen im Bereich Effizienzsteigerung, Prozessoptimierung und Organisationsentwicklung von Einkauf, Produktion, Distribution und Supply Chain Management sowie bei der Konzeptionierung und Umsetzung von unterstützenden E-Business-Technologien (E-Fulfillment und E-Procurement). Vor seiner Tätigkeit bei Arthur D. Little hat Stefan Treiber Betriebswirtschaftslehre an der Ludwig-Maximilians-Universität München mit den Schwerpunkten Produktionswirtschaft und Controlling sowie Revision und Treuhandwesen studiert.